お料理絵日記

飛田和緒

幻冬舎文庫

お料理絵日記

はじめに

この本を手に取ってくださった多くの方がそうでしょうが、私も子供の頃から料理を作るのが大好きでした。一番はじめにキッチンに立った記憶は、五歳のときにママレンジを買ってもらい、とても小さなホットケーキを作ったことです。プラスチックのママレンジは、当時の私の立派なキッチンだったのです。

私の育った家には祖父母もおり、祖母は小唄の師匠をしていたので、いつもお弟子さんたちが大勢出入りしていました。そんな大勢の家族の中で育ったのに、結婚した今は夫と二人暮らし。その夫もレーシングドライバーという仕事をしており、一年の三分の二くらいは家におりません。そこで私はほとんど留守番なのですが、一つホッとしているのはその間にお友達と会ったり、外でお食事をしたり、本を読んだりしながら、次々と新しい料理を考えたり、試したり、覚えたりすることができることだったのです。

この本はそんな私の一年を綴った日記であり、レシピ集となりました。

ふと昨日は何を食べたかしら、何を作ったかしら、と思うときがありませんか？　毎日忙しく生活していると、先週一週間の献立すら浮かんでこない。その時はこの上なく美味しくできたと思った料理も、また次に抜群の一皿を作ってしまうとすっかり忘れてしまう。あり合わせで作ったものが思わぬ評判を得たり、調味料がないことに気づき他で代用したものが意外に新鮮な味で定番の献立になってしまったり、私の食生活はこんなことの繰り返しですから、料理の仕事をはじめてからは自分のレシピをもっと大切にしなければいけないと思うようになりました。そうして綴った料理日記は、今ではノート三冊分になり、今年からはワープロのキーを叩き、入力してゆくようになりました。

これまでどれくらいのおかずやご飯を作ったでしょうか。私の料理はその日の気分で材料も味も盛りつけも決まりますから、全く同じものはきっと作っていないように思います。いいえ、作れないので

す。レストランのシェフと違って、家にいるときの私は主婦なんですから、毎回同じ味に仕上げることのほうが難しいのです。なぜお母さんの料理は毎日食べても飽きないのでしょう。お母さんもその日の体調によっては、味が微妙に変わります。そんな体のリズムが料理にも影響し、毎日食べても飽きないというわけです。

そんな私のレシピ集は、材料の分量は豪快におおまかです。とくに調味料の分量は、ほとんど記していません。よく量を明確にしてほしいといわれますが、そんなときには塩はがばっと豪快に、しょう油はお鍋にくるりと〝の〟の字を書くようにたらし、砂糖はお好みに、なんて答えてしまうと呆れてしまう人もいます。

でも、私の中では料理とはそういうものなのです。いちいちカップやスプーンで計っていたら、時間がかかってしょうがない。自分の舌を信じてやってみます。味見をしながら作れば、そう失敗することもないでしょう。かえってレシピに頼ってきっちり分量通りにしてみたら、あれあれ塩辛かったり、甘かったり、好みの味にならなかったなんてことも多いのです。味が薄い分には足せばいい。濃

くなってしまったら、材料を加えたり、ご飯にかけたり。自分の味を見つけてください。こんなことが料理を作るということなんだろうなと思うのです。作る楽しみを思う存分楽しんでほしいのです。

美味しければいいではないですか。

料理はきっと、開き直ることも大切なのです。私も今でも失敗は数知れず、何度も作ったことがあるものだって、なぜか仕上がりにゲロリとしてしまうこともあります。そんなことをしているうちに、ママレンジからはじまった私にも、自分の味が段々とできてきました。ですから、この本を読んでくださる方も、レシピでもし気にいった料理があったら、ご自分流に作ってみていただきたい。その時の分量や味の印象をメモしてもらえると嬉しいです。そんな風にこの本は使ってほしいと思います。

キッチンにあるテーブルで毎晩、日記をつけるようになっていろいろとおもしろい発見がありました。例えば私の料理には、しらす干しやちりめんじゃこを使ったものが多いこと。以前、主人に言われたことがありました。

「君と結婚してから、僕は一生で食べる分のしらす干しの量をもう食べ終えたんじゃないだろうか」

自分では全く意識していなかったことだったのでその時はピンときませんでしたが、日記を読み直し、驚いたものです。

ほかに、梅干しやしその葉、白ごまもよく使っていることが分かりました。偏っているような気もしますが、何にでもしらすや梅干しを入れてしまうところが私らしく、そんな味が祖母から、母から受け継いだ私のオリジナルなのです。

こんな私も料理を作るのが面倒に思ったり、疲れたりすることがあります。そんなときには一切台所に立ちません。昼、夜共に外食などをしたり、友人宅でご馳走になったり、人を招いて気分を変えたりします。

先日は、仕事でお世話になっている方をお招きして料理を作る機会がありました。その日は買い物に時間がかかり、下ごしらえをしているときにもうお客様が着いてしまったので、テーブルで食前酒をいただきながら、準備をしました。春巻きをお客様の前で包んで

おりましたら、たまたま皮の枚数に具がきっちり収まり、我ながらやるなとニンマリしているとお客様に感激されてしまいました。具を量ったり、分けたりもしていなかったので、驚かれたのでしょう。でもこちらとしてはそんなことで喜んでいただけるのなら、何度でもお見せしましょうという気分になりました。どんなことでも褒めてもらえるということは嬉しいものです。その一言で料理に気合いが入りました。誰であれ、そんな気持ちは同じだと思います。

この日記は、そんな日々の気紛れ通り、とびとびになっています。それがむしろ、料理が喜びであった日だけを集めることになりました。よかったなあ、と素直に思っています。

ところでこれからおりおり日記に登場する〝チャッピー〟という名ですが、果たして何ぞやと思われた方もあるかもしれません。三十歳になる私の愛称がチャッピーだなどと、そんなばかげたことはないのでして、これは、私の家におります犬のぬいぐるみの名です。

主人が子供の頃から大切にしている、今は少々傷だらけのぬいぐるみです。主人の小さい頃のアルバムには、必ず彼と手をつないで

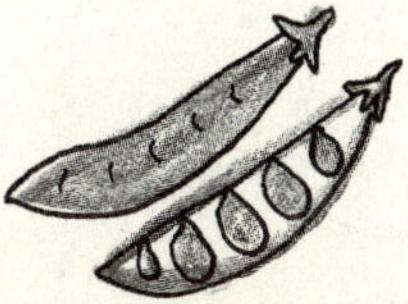

登場し、結婚したときにも彼を連れてやって参りました。私は驚くやら、少々心配するやらと不思議な気分になりましたが、今ではほとんど留守番の身の上ですから、チャッピーは私のもう一人の同居人といったところでしょうか。

主人とは逆に、子供の頃からぬいぐるみのようなものとは縁のなかった私には、貴重な出会いとなり、この日記におりおり登場させることになりました。

絵も、素人ながら全部自分で描かせていただきました。チャッピーの姿も、どうぞご想像いただきながら、一緒にページをめくってもらえますよう……。

目次

春

4月

5月

夏

6月

7月

8月

秋

9月

10月

冬

12月

1月

2月

春

3月

本文デザイン　幻冬舎デザイン室

春

SPRING

4月1日

（晴れ）

お花見は恒例の菜の花寿司で

お天気がいいので、我が家の近くにある洗足池公園の桜山へ、チャッピーと一緒にお花見に出かけました。のんびりと桜色の天井を見上げながら、菜の花寿司をいただきました。私がまだ小中学生の頃はこの桜山でもタンポポやつくし、のびるといった山菜が採れ、母が油炒めや酢味噌和えなどにしてくれました。我が家ではその山菜料理をお花見弁当の一品と定めており、兄弟で競って山菜を摘んだことを覚えています。最近はこの公園内で山菜を見かけることはなく、少し残念に思います。

結婚してからのお花見弁当は季節の素材を使ったお寿司や炊き込みご飯、おこわをよく作ります。菜の花やワサビの花、たけのこ、グリンピースといった素材で春を味わいます。

主人はレースで筑波サーキットに出かけています。菜の花寿司を楽しみにしていたので、今朝早くお弁当にして持たせました。食べてくれるとよいのですが。

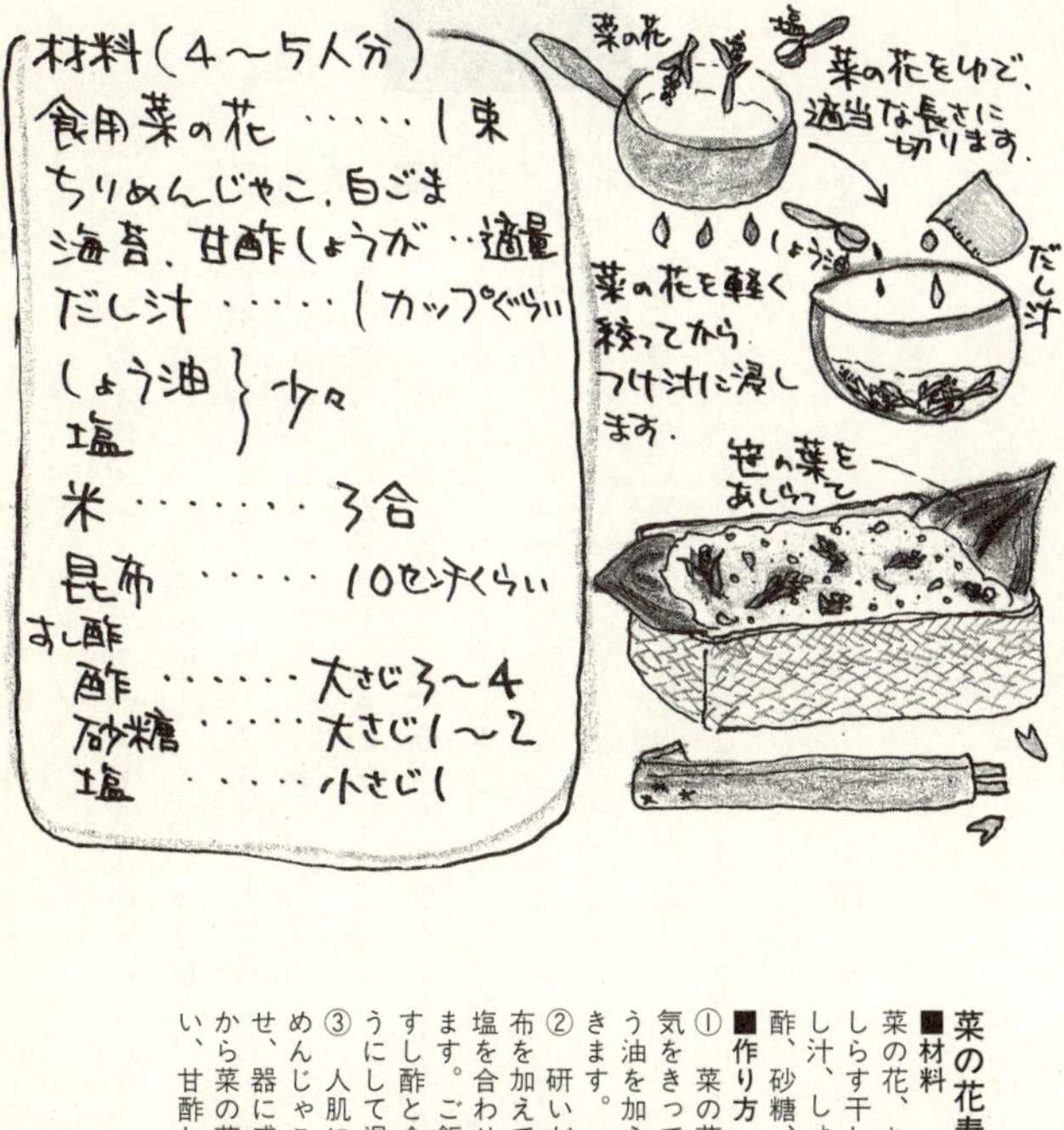

菜の花寿司

■材料

菜の花、ちりめんじゃこまたはしらす干し、白ごま、海苔、だし汁、しょう油、塩、米、昆布、酢、砂糖、甘酢しょうが

■作り方

① 菜の花を塩ゆでし、軽く水気をきってから、だし汁にしょう油を加えた漬け汁に浸しておきます。

② 研いだお米に適量の水と昆布を加えて炊きます。酢、砂糖、塩を合わせすし酢を作っておきます。ご飯が炊き上がったら、すし酢と合わせ、ご飯を切るようにして混ぜ合わせます。

③ 人肌に冷めたすし飯にちりめんじゃこ、白ごまを混ぜ合わせ、器に盛りつけます。その上から菜の花と刻み海苔をあしらい、甘酢しょうがを添えます。

SPRING

4月2日
（晴れのち曇り）

山盛りキャベツが届いたら

夕方家に戻ると、友人からFAXが届いていました。最近はFAXを持っている友人が増え、電話のやり取りに加えてFAXで連絡を取り合うことも多くなってきました。内容は一人暮らしなのに大安売りに惑わされ、キャベツを三個も買ってしまった、どうやって食べればいいか教えてほしいということでした。

さっそくコールスローサラダとザワークラウトのレシピを送ってあげました。どちらも塩でもむので、たくさんキャベツを使っても出来上がりは半分位の量になってしまいます。ザワークラウトは日持ちもいいし、ソーセージと一緒に煮直してシュークルートにして朝食やお昼に簡単にいただけるのでおすすめです。

クミンの香りを利かせたこのザワークラウトは好評で、よくホームパーティのようなときにも山盛りに出したりします。ソーセージしかないようなときにもテーブルを賑やかにしてくれますよ。

コールスロー

■材料
キャベツ、にんじん、きゅうり、ハム、塩、こしょう、白ワインビネガー、レモン汁、マスタード、油

■作り方
① キャベツ、にんじん、きゅうりをそれぞれ千切りにし、塩もみします。しんなりしたら、水洗いし、よく絞って水気をきります。ハムも千切りにしておきます。
② ①を合わせ、こしょう、ワインビネガー、レモン汁、マスタードを加えてよく混ぜます。味がなじんだら、油を少々加えて軽く混ぜます。
＊キャラウェイというスパイスを少々加えると本格的な味になります。

コールスローのポイント
野菜はそれぞれ塩もみすること。塩の浸透する時間が異なりますので気をつけて。あまりクタクタになるまで塩もみせず、ある程度しゃきしゃきしたかたさを残します。

ザワークラウトのポイント
キャラウェイ、タイム、クミンなどのスパイスを入れると味がぐっと締まります。煮汁はキャベツの半分くらいの量を目安にしてください。

ザワークラウト

■材料
キャベツ½個、白ワインビネガー大さじ2〜3、塩、固形コンソメ1個、砂糖大さじ2、キャラウェイ、タイム、クミン

■作り方
① キャベツを粗く千切りにし、塩もみします。しんなりしたら、水洗いし、絞って水気をきります。
② 水2カップにワインビネガー、固形コンソメ、砂糖を合わせて煮汁を作り、①を入れて煮込みます。
③ 汁気がなくなるまで煮込み、スパイスを加えて味を調えます。
＊アルミの鍋に入れっ放しにしないこと。酸化します。

SPRING

4月15日

（晴れ）

適役はメークイン、洋食屋さんのあやしいサラダ

チャッピーをバスケットに入れて、自由が丘へ散歩に出かけました。立ち寄った洋食屋さんでいただいた生じゃがサラダが実に美味だったので、さっそく再現してみました。

メニューには生とありますが、おそらくメークインをサッとお湯に通したものでしょう。

実は私、この手のサラダが流行し始めた頃に、ひそかにあれこれ試作したことがあるのです。なにしろメニューには生とある。新じゃがを千切りにし、水にさらして食べてみましたが、お店で食べたようなしっとりした味わいがありません。今度は男爵を同じく生で食べてみましたが、口の中にアクが残り駄目でした。最後に試したメークインがやや近い歯触りでしたが、美味しくない。試しに千切りしたメークインを沸騰したお湯に一瞬さらしてみたところ、シャキシャキした生に近い状態に仕上がり、しっとりしたじゃがいもの味も出ました。

それにしても今日のサラダはドレッシングも絶妙でしたね。

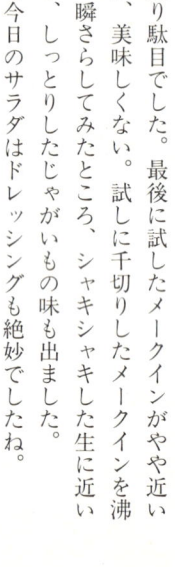

あやしい生じゃがサラダ

■材料
メークイン、かいわれ大根、サラダ菜、ごま味噌ドレッシング（白ごま、味噌、酢、こしょう、しょう油、砂糖、油）、かつおぶし

■作り方
① ドレッシングを作っておきます。
② じゃがいもを千切りにし、煮立った湯にサッと通し、冷水にとり、冷やします。かいわれ大根は根を切り落とし、冷水につけておきます。
③ 器にサラダ菜を盛りつけ、その上に水気をきった②をのせ、ドレッシングをかけます。かつおぶしをまぶして出来上がりです。

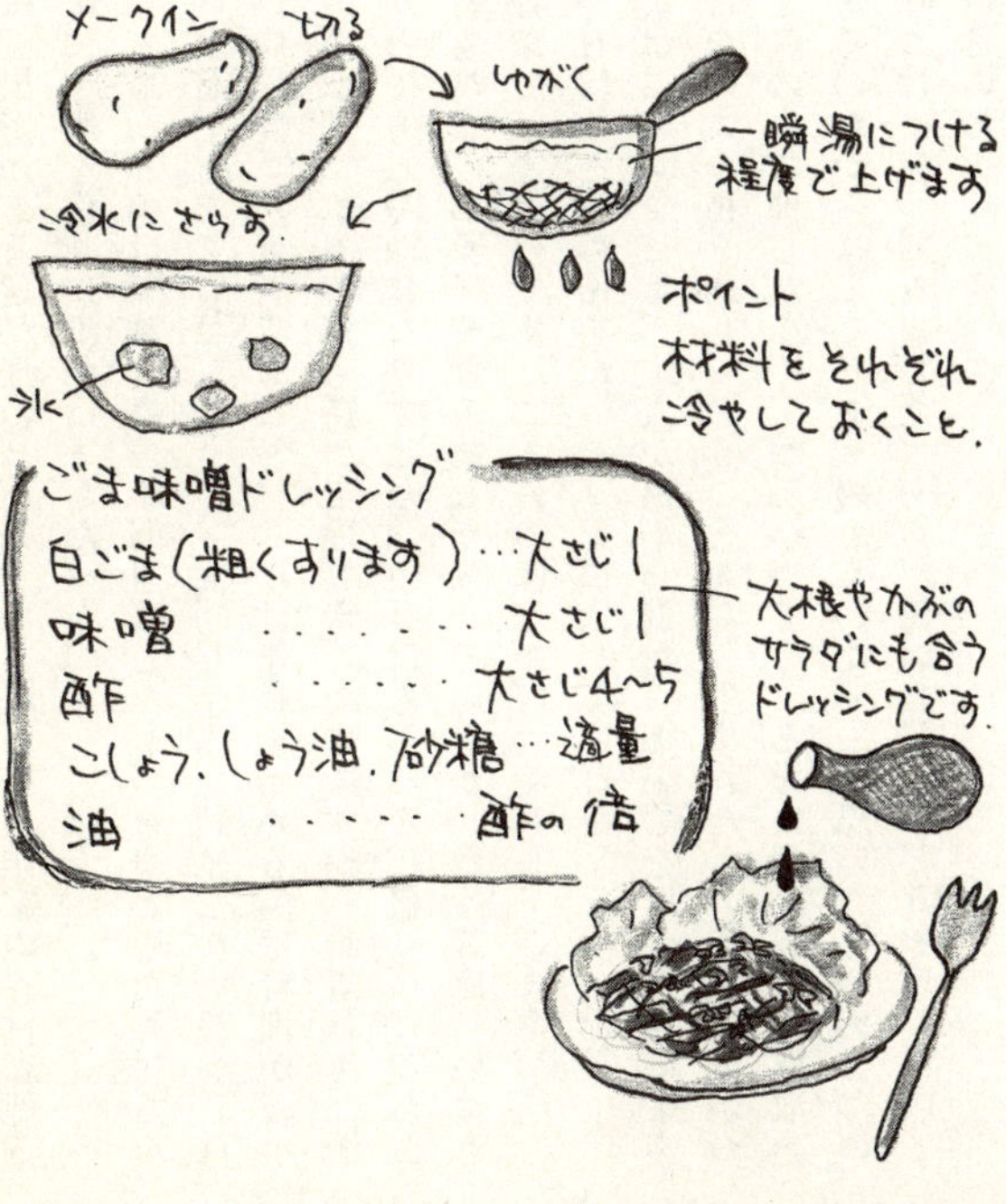
メークイン
切る
ゆがく
一瞬湯につける
程度で上げます
冷水にさらす
氷
ポイント
材料をそれぞれ
冷やしておくこと。
ごま味噌ドレッシング
白ごま（粗くすります）…大さじ1
味噌……………大さじ1
酢……………大さじ4〜5
こしょう、しょう油、砂糖…適量
油……………酢の倍
大根やかぶの
サラダにも合う
ドレッシングです。

SPRING

4月16日

（晴れ）

梅干しの種を使って作る、あっさり、すっきりそうめん

来週撮影がある麵料理のリハーサルを兼ねて、作家の谷村志穂さん宅に夕飯を作りに出かけました。

私の最初の本は、雑誌に一年間連載したものをまとめた谷村さんとの共著で、『1DKクッキン』といいます。『結婚しないかもしれない症候群』の著者である谷村さんは連載を始める前は料理が苦手で、フライパンもお鍋も持っていなかったのですが、最近はキッチンがとても賑やかになりました。道具はもちろん、盛りつけるお皿や鉢も増え、お菓子や飲み物しか入っていなかった冷蔵庫はいつもお野菜でいっぱいです。こちらのほうがびっくりしています。

今日は梅そうめんをたいそう気に入ってくれたようでした。

実はこのレシピは、主人が梅干し壺から梅干しを取るときに果肉だけをつまみ種を残しておくことから、生まれたものです。気がつくと壺の中に種しかなく、かといって、こんなにきれいに種を取ってあるのだから捨ててしまうのももったいなく思い、そうめんつゆの味つけに使ってみました。あら、汚いなどと、どうぞ思わないでくださいね。

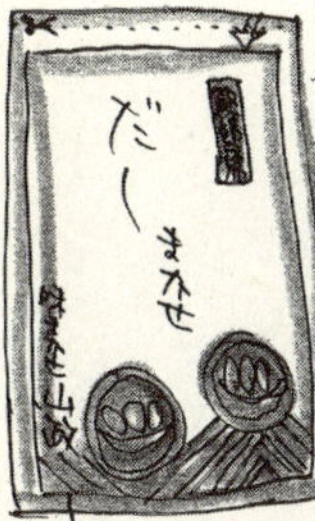
だし
まかせ
山政

本来、だし汁は水から昆布を煮出し、ふっとうしたら昆布を取り出し、かつおぶしを入れて煮立たせ、透き通った美しいだしを取りますが、最近はその手間を省いても、おいしいだしが取れる市販のものがたくさんありますね。中でも私が今気に入っているのが山政の「だしまかせ」です。細かく刻まれた昆布とかつおぶしが薄紙の小さな袋に入っています。便利ですよ。

14袋入¥500くらいです。

今日もだしまかせを使いました。
香りもなかなかいいんですよ。
梅干しの種

■梅そうめん

■材料

そうめん、梅干し、だし汁、薄口しょう油、みりん、薬味（あさつき、しその葉、みょうが、海苔、しらす干し、白ごま、かつおぶし）など

■作り方

① 梅干しを果肉と種に分けます。昆布とかつおぶしでとっただし汁に種を入れて、種から出た塩分としょう油、みりんで薄味のつゆを作ります。一度こしてから冷やしておきます。

② そうめんはたっぷりの湯でゆで、冷水にとり、水気をきって器に盛ります。

③ そうめんの上に好みの薬味とたたいた梅肉を盛りつけ、つゆをはって出来上がりです。

＊だし汁1カップに対して梅干しの種3～4個を目安に。

SPRING

4月18日

（晴れ）

めかぶなるもの

女子校時代の友人たちが集まるとこの頃は、こんな美味しいものを見つけたとか、作ったとか、鍋はこのメーカーがいいとか、料理や台所用品の話でもちきりとなっています。

つい最近までボーイフレンドの話や仕事の話で盛り上がっていたのに、どういう心境の変化でしょうか。花より団子をとる年頃なんでしょうか。子供の頃から近所のおばさまたちと料理の話をするのが好きだった私は、ホッとした気分でもあります。

今日は友人宅にみんながそれぞれ得意料理を持ち寄り、レシピの交換会となりました。なかで一つハッとさせられたのがめかぶの料理で、教えてくれた彼女がお酒飲みの旦那様のためによく作る一品だそうです。めかぶの粘りと長いものシャキシャキした歯触りがとても心地よく、美味しくいただきました。すぐにスーパーに寄って、めかぶを買い帰りました。

めかぶとは
ワカメが成熟すると基部に胞子葉をつけます。
これをミミとかネカブ、メカブと称しています。
ワカメの新芽といったところでしょうか。
魚屋さんで
1パック¥300前後
こちらは切ってあるので、使いやすい。
私はもっぱらコレ！
スーパーの
乾物コーナーに
1袋¥300前後

■**めかぶと長いものだし汁かけ**

■**材料**

めかぶ、長いも、だし汁、塩、薄口しょう油、みりん、かつおぶし

■**作り方**

①　だし汁に塩、薄口しょう油、みりんで濃い味のお吸い物を作り、冷ましておきます。

②　めかぶは湯通しし、千切りにします。ぬめりがあるので取り扱いには十分気をつけてください。

③　長いもは長さ3〜4センチの細切りにします。

④　①、②、③を合わせ、冷蔵庫で冷やし、器に盛りつけてかつおぶしを上からまぶします。

＊乾燥めかぶの場合は水でもどし、湯通しして千切りにします。最近は生を細切りにしたものがパックに入って売っており、それはそのまま使えるので便利です。

SPRING

4月19日

（曇り）

青春のポークサラダふたたび

朝から主人が遠征から持ち帰った山のような汚れ物を洗濯。何回洗濯機をまわしても終わらず、一日中洗濯物と格闘していました。

レーシングドライバーのシーズン中のスケジュールは土、日曜日に予選決勝が行われ、その二〜三日前からサーキットに入りますから、週に一〜二日家に帰ってこられればいいほうです。戻ってくるときには、何十枚もの汗まみれのTシャツやら下着やらを担いで帰ってきます。毎週レースが続くときなどは、汚れ物と新しい荷物を交換するために帰ってくるようなものです。

そんなためか、驚くことに、夕飯は主人のほうが得意のポークジンジャーサラダを作ってくれました。これは主人が学生時代に通っていた定食屋さんで必ず注文していた大好きなサラダです。知り合ってまもなくそこに連れて行かれ、このサラダを自宅で作ってほしいと頼まれた思い出のメニューでもあります。しょうが焼きの豚肉とマヨネーズが妙に合う、おかずになるサラダです。

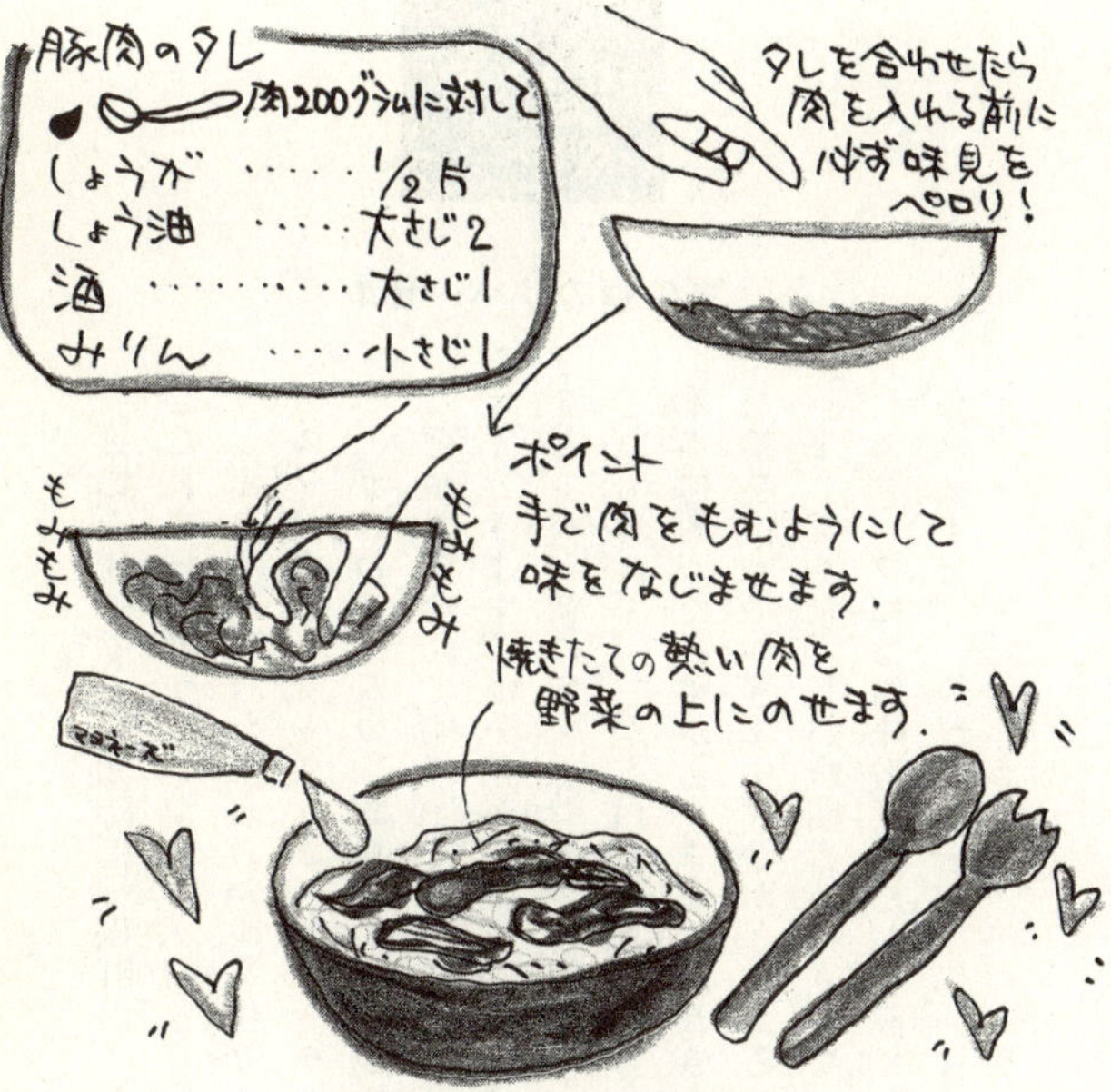
豚肉のタレ
肉200グラムに対して
しょうが……1/2片
しょう油……大さじ2
酒……大さじ1
みりん……小さじ1
タレを合わせたら肉を入れる前に必ず味見をペロリ！
もみもみ
もみもみ
ポイント
手で肉をもむようにして味をなじませます。
焼きたての熱い肉を野菜の上にのせます。
マヨネーズ

ポークジンジャーサラダ

■材料
豚薄切り肉、しょうが、しょう油、酒、みりん、油、サラダ菜、レタス、きゅうり、トマトなどの野菜、マヨネーズ

■作り方
① しょうがをおろし、しょう油、酒、みりんを加えてタレを作ります。タレに肉を合わせて手で肉をもむようにして味をなじませ、しばらくおきます。
② 野菜は適当な大きさに切り、器に盛りつけ、冷やしておきます。
③ フライパンを熱し、油を入れ、①を焼きます。肉に火が通ったら、熱いうちに野菜の上に盛りつけ、マヨネーズをかけて出来上がりです。

SPRING

4月20日

（晴れ）

夏の麺のリハーサル

雑誌の仕事で、朝九時に神保町のスタジオへ。すでにリハーサルした夏の麺料理がテーマです。梅そうめん、肉味噌うどん、花盛りうどんとそれに合わせるおかずを作りました。

スタジオにセットされているキッチンはとても立派でシンクが三つ、ガスの口は八つもあります。お鍋やフライパン、ボウル、ざるなど道具はなんでも揃っているので、私たち作り手は材料だけを抱えて行きます。唯一私が必ず持参する道具は、包丁とかかとのあるスリッパ。初めてスタジオで料理を作ったときに何本かある包丁がどれも切れず、しかも白髪ねぎを作らなければならない料理があり、本当に困った経験があります。左利きということもあり、使い慣れた物を持っていきます。かかとのあるスリッパは私の背の低さをカバーしてくれ、長い時間台所に立っていても疲れません。

スタッフには肉味噌うどんが好評でした。この肉味噌はご飯にも合いますよ。

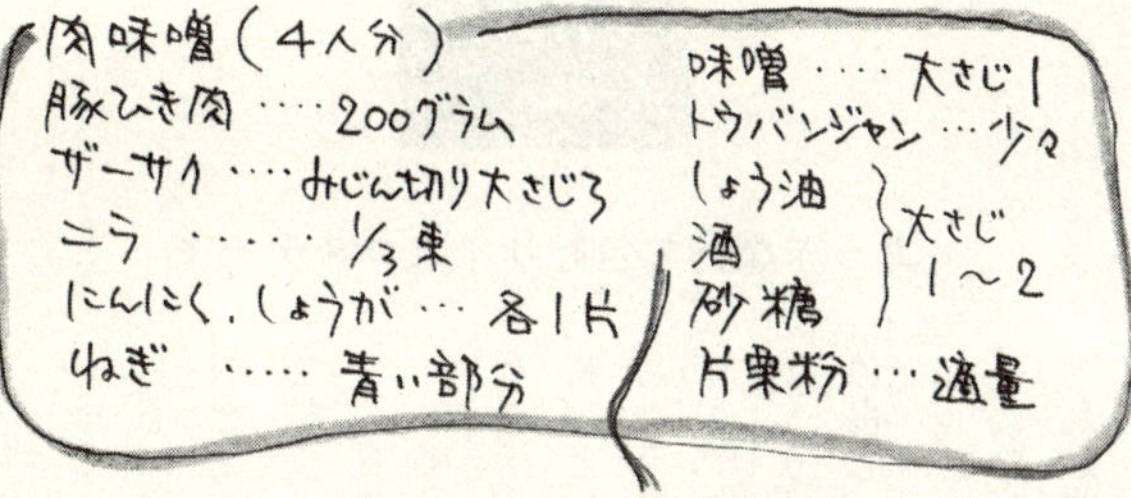
肉味噌（4人分）
豚ひき肉……200グラム
ザーサイ……みじん切り大さじ2
ニラ……1/3束
にんにく．しょうが…各1片
ねぎ……青い部分
味噌……大さじ1
トウバンジャン…少々
しょう油
酒
砂糖
大さじ1〜2
片栗粉…適量

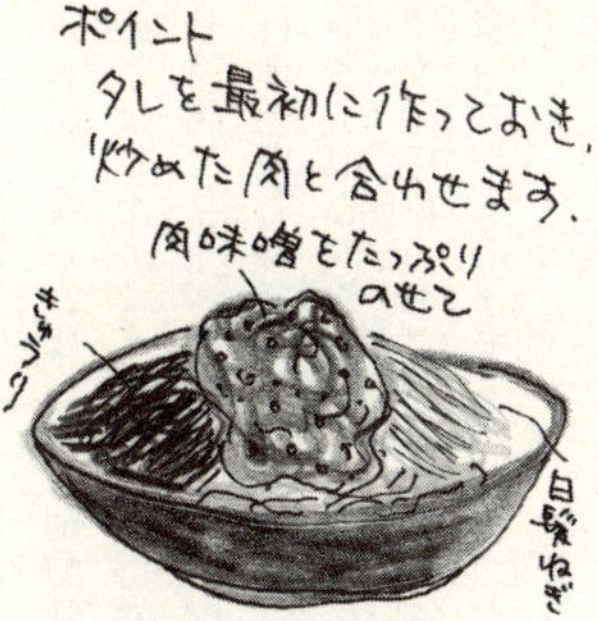
ポイント
タレを最初に作っておき、炒めた肉と合わせます。
肉味噌をたっぷりのせて
きゅうり
白髪ねぎ

肉味噌うどん

■材料

豚ひき肉、ザーサイ、ニラ、にんにく、しょうが、長ねぎ、ごま油、きゅうり、味噌（できれば八丁味噌がおいしいです）、トウバンジャン、しょう油、酒、砂糖、片栗粉、うどん

■作り方

①　にんにく、しょうがはおろしておきます。長ねぎは白い部分は白髪ねぎにし、水にさらし、青い部分はみじん切りにします。ザーサイは味の濃いものはあらかじめ塩出しし、ニラと一緒に粗みじんに切っておきます。

②　味噌、トウバンジャン、しょう油、酒、砂糖を混ぜてタレを作ります。

③　熱したフライパンにごま油を入れ、すりおろしたにんにく、しょうが、みじん切りの長ねぎを加えて炒め、香りが出てきたらひき肉とザーサイ、ニラを入れてさらに炒めます。肉がポロポロになってきたら、②を入れて味をつけ、水溶き片栗粉でとろみをつけます。

④　うどんをゆで、冷水にとって水気をきり、ごま油をからめておきます。きゅうりは千切りにしておきます。

⑤　器にうどんを盛りつけ、その上に肉味噌ときゅうり、白髪ねぎをのせて出来上がりです。うどんの代わりに中華麺でもどうぞ。肉味噌と麺をうまくからめていただきます。

SPRING

4月25日

（晴れ）

真っ赤な炎で包むサイコロステーキ

多摩川沿いに住んでいる友人宅のガーデンパーティによばれ、夫婦そろって出かけました。彼は長年の男の一人暮らしなのですが、お宅には部屋よりも広いバルコニーがあり、暇を見つけては友人を招待し、自慢の手料理を披露してくれます。

今日は出席者から五キロの牛肉の差し入れがあり、ダイナミックに分厚く切ってサイコロステーキを焼いてくれました。まさに男の料理といった手さばきで、ステーキはこれぐらいラフに大胆に焼いたほうが、醍醐味があるように感じました。こういう時には女の子が入り込む隙間はなく、男の子たちは厨房を独占し、料理を楽しんでいます。

いつも男の子中心のこの集まりですが、食後に珍しく女の子好みの甘いラムのカクテルを作ってくれました。だれかお目当ての女の子でもいたんでしょうか。

サイコロステーキ

■材料
牛ステーキ用肉（人数が多いときはかたまりで買ったほうが美味くて安上がり）、塩、粗挽き黒こしょう、にんにく、ブランデー、油

■作り方
① 肉に塩、こしょうで味をつけます。にんにくは包丁の腹でつぶしておきます。
② 熱したフライパンに油を入れ、にんにくを加えて油ににんにくのうまみと風味を移します。にんにくは焦げる寸前に取り出し、そこに肉を入れて、強火で両面に焦げ色をつけます。何度も肉を返すようなことはせず、肉のうまみが外に逃げないように片面ずつじっくり焼きます。
③ 肉に焦げ色がついたら、一度取り出し、手早くサイコロ状に切ります。これを再びフライパンに戻し、ブランデーを加えてフランベし、好みの焼き加減まで焼いてください。フランベに使うお酒はもちろんワインでもよいのですが、多少酸味が気になる私は甘みの残るブランデーを使います。

味をつけたら手で肉をたたくようにして味をなじませます。
ペタ
ペタ
焼く

手早く切る。
ブランデー
再び焼く
火には十分注意しましょう。私はレンジフードカバーをこがしてしまったことがあります。

お手軽ラムカクテル

■材料
ラム、フルーツミックスジュース、ピーチジュース

■作り方
材料を好みの割合で合わせて出来上がりです。

SPRING

5月3日

(晴れ)

お寿司屋さんから盗んだメニュー

恥ずかしながらこの日、私は三十歳となりました。

ささやかなお祝いにと、主人が目黒にある竹の葉鮨に連れて行ってくれました。ここは祖母の代から通っているお寿司屋さんです。

実は私、ここに来るたびに幾つも頼んでしまい、寿司屋のご主人を困らせてしまう握りがあります。エシャロット寿司といいます。ですが、今日は私の誕生日。また堂々と頼みました。我が家でも真似て作っているので、書いてみます。

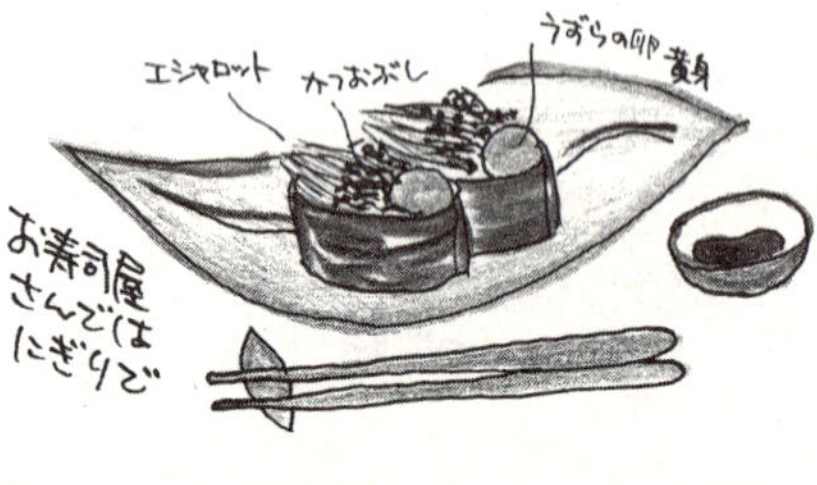

エシャロットの巻き寿司

■材料
エシャロット、すし飯、おろしワサビ、かつおぶし、海苔、しょう油

■作り方
① エシャロットを千切りにし、かつおぶしをまぶして混ぜ合わせておきます。
② 巻きすに海苔をセットし、そこにすし飯、おろしワサビ、①の順にのせ、巻いていきます。好みの長さに切りそろえて出来上がりです。しょう油を少々つけていただきます。
＊①に適当な長さに切ったかいわれ大根を加えて器に盛りつけ、その上にうずらの卵の黄身を落とし、しょう油をかけるとおつまみにもなります。またこれを器に盛ったすし飯の上にのせて丼にしてもいけます。

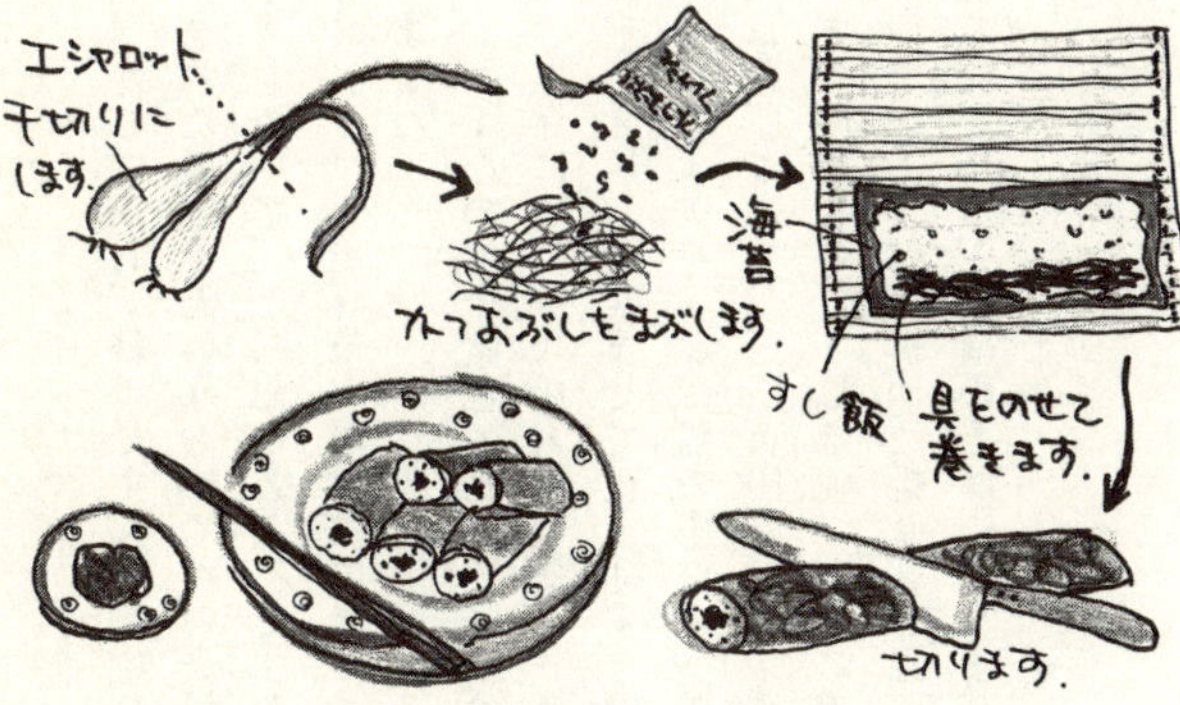
エシャロット
千切りにします。
かつおぶしをまぶします。
海苔
すし飯
具をのせて巻きます。
切ります。

ベルギーエシャロット

＊エシャロットは玉ねぎの仲間で香味野菜としてよく使われます。小玉ねぎのような姿のベルギーエシャロットはバターソースや煮込み料理のアクセントに使い、ラッキョウのような白い部分だけを食べるエシャロットは生でいただくか、ドレッシングやマヨネーズに混ぜたり、マリネによく使います。後者のエシャロットのほうを友人にすすめたところ、何を勘違いしたのか、おまけのようについている細ねぎのような葉の部分をサラダに混ぜ、本来食べる白い球の部分を捨ててしまい、美味しくなかったわ、と叱られたことがありました。

SPRING

5月5日

(曇り)

わけあって、端午の節句はめでたいのです

恥ずかしながら、続けて主人の誕生日です。五月三日と五月五日に生まれた者同士というおめでたい夫婦なのです。ご馳走を作って、ケーキを焼いて、としたいところですが、当人がレース参戦のため出張中。チャッピーと一緒にちまき風の笹寿司を作ってお節句を楽しみました。

せっかくなので、紫色の菖蒲《しょうぶ》を豪華にいけました。染め付けの小振りの火鉢にオアシスを入れて麦と一緒にアレンジしてみました。

オアシスは水を含ませて花を挿す、硬いスポンジのようなものです。フラワーアレンジで籠の中に入っている四角い緑色のあれです。これは花屋さんで二、三百円で買え、花器によってはカットして使います。便利なので、私はいつも買い置きしてあります。

ついでに小さい頃折った折り紙を思い出しながら、綺麗な柄の千代紙で兜《かぶと》を折り、菖蒲のそばに飾りました。

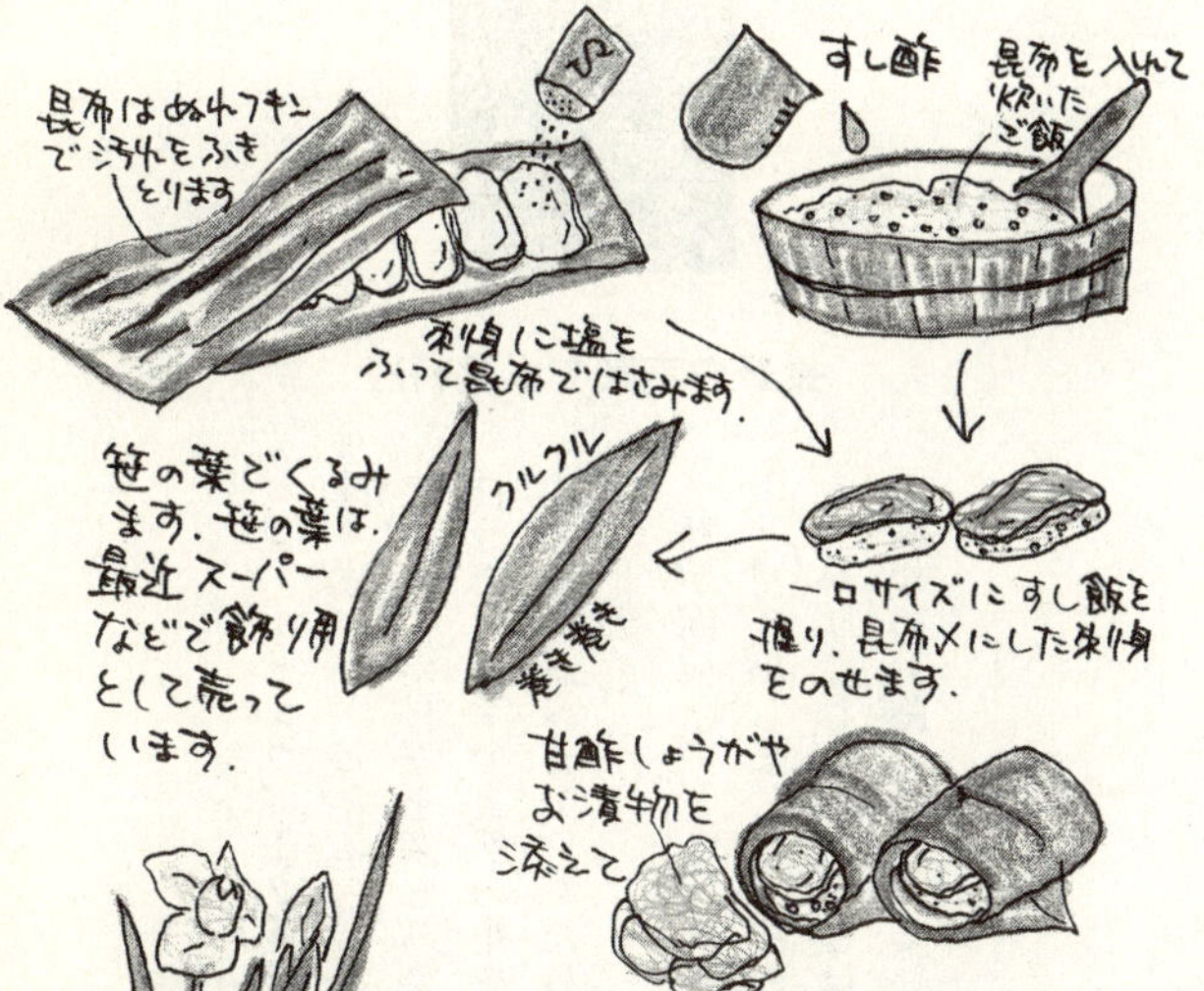
昆布はぬれフキンで汚れをふきとります
すし酢
昆布を入れて炊いたご飯
刺身に塩をふって昆布ではさみます。
笹の葉でくるみます。笹の葉は最近スーパーなどで飾り用として売っています。
クルクル
巻き巻き
一口サイズにすし飯を握り、昆布〆にした刺身をのせます。
甘酢しょうがやお漬物を添えて

■鯛の笹寿司

■材料

鯛の刺身（白身魚の刺身）、塩、昆布、すし飯、しその葉、白ごま、笹の葉

■作り方

① 薄切りにした鯛の刺身に軽く塩をふり、昆布ではさみ、冷蔵庫に5時間ほどおき、昆布〆にします。

② すし飯に千切りのしその葉、白ごまを混ぜ、一口サイズに握ります。

③ ①を②にのせ、軽く握り、笹でくるみます。

＊昆布〆を何年間も寝かせた古漬けのようなものと勘違いしている友人がいました。それではお魚が腐ってしまいますよね。

SPRING

5月6日

（晴れ）

長野の実家で山菜料理

　ゴールデンウィーク後半は、長野の実家へ帰りました。毎年この時期、山々で採れる山菜づくしの料理を楽しみに遊びに出かけます。自分たちの手で自然の中を歩き回って採った山の幸を思う存分いただけるというのは、本当に幸せ。

　私が高校生のとき、父が突然田舎に引っ越すと言い出しました。その時には頭が混乱するばかりでしたが、今ではこれも田舎で暮らす両親のお陰だと思っています。

こごみのクルミ和え

■材料
こごみ大8本、鬼グルミ（すった状態で）⅓カップ、砂糖大さじ1、しょう油小さじ1、みりん少々

■作り方
①　こごみは汚れを取り除き、湯でサッとゆがいておきます。
②　クルミはすり鉢で八分ぐらいまですり、砂糖、しょう油、みりんを加え、和え衣を作ります。
③　①、②を合わせて出来上がりです。

こごみ

正式名はクサソテツ．姿がかがみ込んでいるように見えることからこの名がつきました．採れる場所は湿り気のある草地や雑木林の中．食べる部分は葉が開かないうちの新芽を採ります．アクが少ないのでとても調理しやすい山菜です。

やまうど

山や原野に自生するうどをやまうどと呼んでいます。栽培しているうどと同じ種類です。採れる場所は谷沿いの斜面、川沿いの土手。食べる部分は葉が開く前の若茎。茎は油炒めや酢の物に、葉はてんぷらにするとおいしいですよ。

山うどのきんぴら

■材料
山うど、しょう油、酒、ごま油、油、ごま、酢

■作り方
①　山うどの皮をむき、その皮を千切りにします。切った皮と中身を酢をたらした水につけてアクを抜きます。中身は次ページの酢味噌和えに使います。
②　①の皮を真水で洗い流し、油で炒めます。しょう油、酒で味をつけ、最後にごま油で香りをつけます。器に盛りつけ、上からごまをふりかけます。

山うどの酢味噌和え

■材料

きんぴらで使わなかった山うどの中心部分、味噌（合わせ味噌、または白味噌）、酢、砂糖、ワカメ

■作り方

① 山うどは酢をたらした水につけアクを抜き、短冊切りにします。ワカメは塩漬けのものは塩出ししてから、適当な長さに切っておきます。

② 味噌、酢、砂糖を合わせ、酢味噌を作ります。白味噌を使う場合はしょう油を少々加えてください。

③ ①と②をいただく寸前に合わせて出来上がりです。

＊酢味噌は味噌大さじ1に対して砂糖小さじ2、酢小さじ1くらいの割合です。

つくし

別名スギナ。つくしとスギナは別の種類だと思っている人が多いようですが、これはまったく同じものです。つくしとスギナは地下茎で結ばれており、つくしが終わる頃にスギナが伸びてきます。採れる場所は、川岸や鉄道土手、野原など。筆形の茎全体を食べます。頭に緑色の胞子ができはじめると、苦みが出るので、できるだけ若いものを摘みましょう。

つくしの油炒め

■材料

つくし、油、しょう油、みりん

■作り方

① つくしははかまを取り除き、サッとゆがきます。

② ①を油で炒め、しょう油、みりんで味をつけます。

のびるのしょう油漬け

■材料
のびる、しょう油

■作り方
① のびるは青い葉の部分と球についている根を取り除きます。
② ①を適当な大きさの瓶に入れ、しょう油を加えて2～3日漬けます。
＊のびるは葉ごとサッとゆがき、酢味噌で和えても美味しいです。

のびる

全国どこにでも自生する食用草で、多く見られる場所は田畑のへりや川の土手などです。葉が大きく太めのものは球も食べ頃の大きさ。根がしっかりしているので、土を掘りおこす道具が必要です。

ふきのとう

ふきの花茎のつぼみ。雪のない地方は2月から、雪国では雪どけと同時に芽を出します。採れる場所は、土手や湿った原野です。

ふき味噌

■材料
ふきのとう6～8個、味噌大さじ2、酒大さじ1、みりん大さじ1、太白ごま油、またはサラダ油大さじ1

■作り方
① ふきのとうは細く刻みます。
② フライパンを熱して太白ごま油を入れ、ふきのとうを炒め、しんなりしてきたら調味料を加えて炒め合わせます。
＊味噌の味によって、砂糖やしょう油で味を調えてください。

SPRING

5月12日

（曇り）

オロロンとは何ぞや？

北海道のお土産にオロロンジュースというトマトジュースをいただきました。いっさい添加物が入っておらず、早めに飲むよう注意書きがあったので、飲みきれない分をシチューに入れてみましたら、これが絶品でした。オロロンとは北海道の西に位置する羽幌町に棲む鳥の名をつけたそうです。

余談になりますが、このオロロンという名がどうしても気になり、発売元のJA羽幌町に問い合わせの電話をしたのです。

「この町に棲む鳥の名前なんですよ」と、その方は言いました。

「ではそのオロロンという鳥はトマトが好きなんですか」と私がたずねますと、

「そんなバカなあなた」

と言われてしまいました。

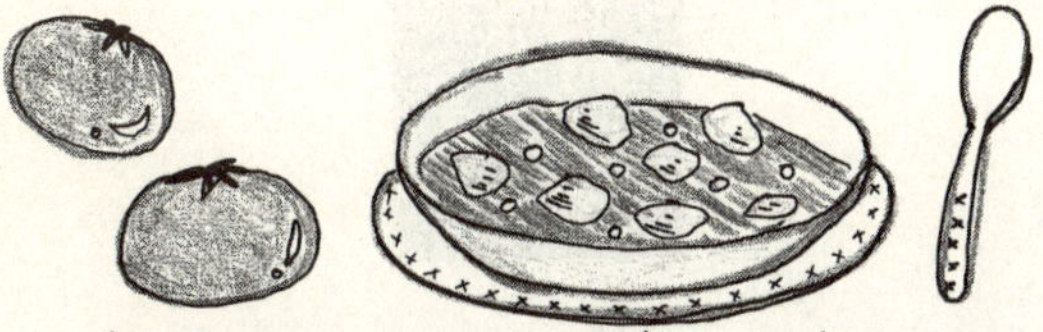

先日またまたおもしろい名前のトマトジュースを見つけました。「オオカミの桃」という名で、やはり北海道のもの。こちらは1本￥800と少々お高いだけあってシチューに使うにはもったいないうまさでした。

トマトシチュー

■**材料**

肉（牛、鶏、豚なんでもＯＫ）、玉ねぎ、じゃがいも、にんじん、にんにく、トマトジュース、塩、こしょう、固形コンソメ、バター、油、ローリエ

■**作り方**

① にんにくはみじん切りに、他の野菜は適当な大きさに切ります。

② 肉を適当な大きさに切ります。熱したフライパンに油、バターの順に入れ、肉を軽く炒め、煮込み用の鍋に移し入れます。

③ ②の油が残っているフライパンで①の野菜を炒めます。野菜に油が回ったら、肉が入っている鍋に一緒に入れます。

④ 鍋に材料がひたひたに隠れるぐらいまでの湯とローリエを入れて煮込み、煮立ってきたらアクを取ります。野菜に火が通ったら、トマトジュースと固形コンソメを入れてさらに煮込みます。

⑤ 塩、こしょうで味を調えて出来上がりです。

＊残り野菜のなすやきのこ、ピーマン、トウモロコシなどを入れても。

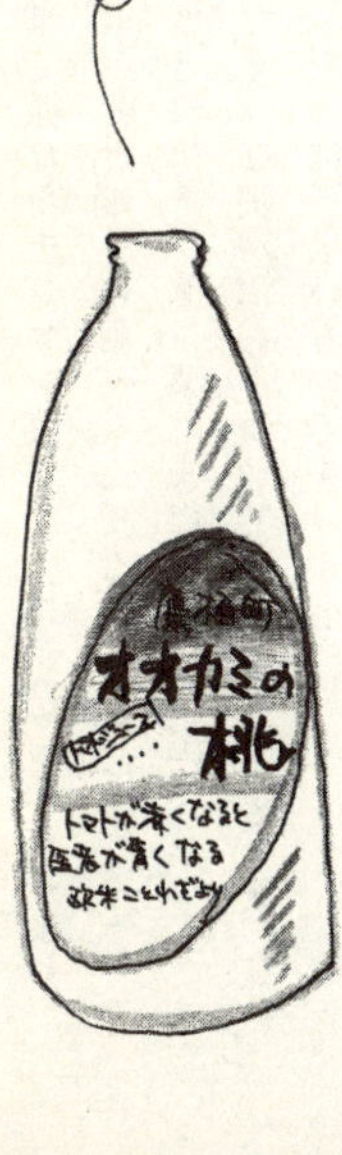

SPRING

5月14日

（晴れ）

とても立派なチンゲン菜

長野の実家の畑で採れたチンゲン菜とイチゴが送られてきました。父と母が二人でせっせと畑を耕し、なんでも植えているのです。連休中に出かけたときにはチンゲン菜はまだ双葉しか出ておらず、イチゴは薄緑のかたそうな実がぶら下がっていました。まだまだ食べられそうになかったのに、早いものです。

さっそくチンゲン菜はお昼の焼きそばに、イチゴは小粒だったので半分をジャムにし、後はジュースやドレッシングにしようと冷凍してしまいました。

チンゲン菜は中国野菜の中でも癖がないので扱いやすく、また値段も手頃なのでよく使います。栽培もいたって簡単よと母が話しておりました。種を蒔いて一、二週間で食べられるくらいに生長するそうです。我が家では炒めるほかに、シューマイなどの蒸し物のつけ合わせにしたり、ゆでてお浸しにしたりします。野菜の中では群をぬいてカルシウムや鉄分が多く、栄養面から見てもたくさんいただきたいものです。

チンゲン菜のシンプル焼きそば

■材料

チンゲン菜、中華蒸し麺、しょうが、オイスターソース、ごま油、和からし

■作り方

① チンゲン菜をサッとゆがいておきます。しょうがはおろしておきます。

② よく熱した中華鍋にごま油を入れ、チンゲン菜を軽く炒め、一度取り出します。そのまま同じ鍋で中華麺を炒め、チンゲン菜を戻し、おろししょうが、オイスターソースを加えて味を調えます。好みで和からしをつけていただきます。

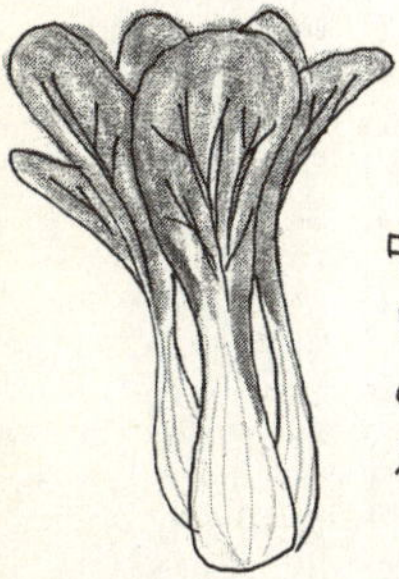

チンゲンサイ

学名：Brassica rapa var. chinensis

分類：アブラナ科アブラナ属

中国では葉柄の色から青梗菜（チンゴンツァイ）と呼ばれています。近年導入された中国野菜の中では、もっとも普及しましたね。旬は本来冬なのですが、年間通して生産されています。

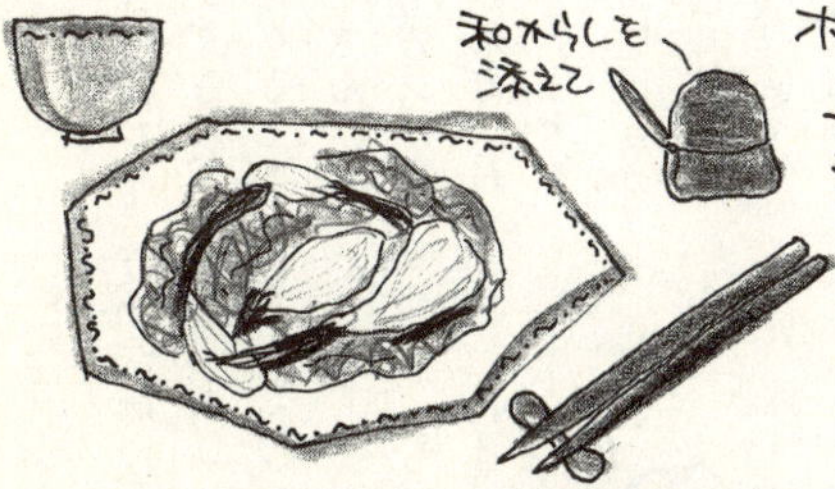

ポイント

具も味つけもシンプルにし、しょうがの香りをいかします。

SPRING

5月29日

（晴れ）

皮ごとむしゃむしゃ、新じゃがの季節

少しずつやっていた衣替えも今日で終わり。夏物が揃いました。

衣替えは面倒ですが、クリーニングされ、きれいにたたまれた服が箱から出てくると、まるで新品のようで、その日はたくさん洋服を買い込んだ気になります。昨シーズンに買ったばかりの服などは馴染みが薄いので、わざわざ試着してみたり、新たなコーディネイトを思いついたりして、予想以上に時間がかかってしまいました。

衣替えに参加しなかった主人が、せめて夕飯は僕が作るというので、私の得意メニュー、新じゃがいものポテトサラダを頼みました。

じゃがいもをつぶす作業を子供のように楽しんでいました。なかなかうまくできたようです。新じゃがは皮が柔らかく薄いので、私は皮ごと食べてしまいます。

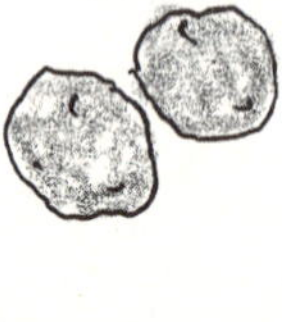

新じゃがいものサラダ

■材料
新じゃがいも、玉ねぎ、きゅうり、ハム、フレンチドレッシング、マスタード、マヨネーズ、塩、こしょう

■作り方
① 新じゃがいもは、たわしなどを使ってよく汚れを落とし、気になる芽を取ります。玉ねぎは薄くスライスしておきます。
② じゃがいもをゆでます。竹串が通るくらいにゆで上がったら、いったんざるにあげ、また鍋に戻します。
③ ②を火にかけ、水分をとばしながらじゃがいもを軽くつぶします。火から下ろして熱いうちに玉ねぎとドレッシングを合わせておきます。
④ きゅうりは薄切りにし、塩で軽くもんでおきます。ハムは適当な大きさに切っておきます。
⑤ ③が冷めたら、④とマスタード、マヨネーズを加えて混ぜ合わせます。最後に塩、こしょうで味を調えます。

材料(4人分)
新じゃがいも…4〜5個
玉ねぎ……1/2個
きゅうり……1本
ハム……3〜4枚
フレンチドレッシング…大さじ2
マヨネーズ…大さじ4〜5
マスタード，塩，こしょう……各少々

ポイント
熱いうちにポテトをつぶしてドレッシングで下味をつけます。

たくさん作ってくれたので、次の日にはパンにはさんでいただきました。

夏

SUMMER

6月1日

(曇り)

鶏肉屋さんと仲よくなれば

友人から大きなスイカが届いたので食べにおいで、と誘いの電話があり、出かけました。スイカを目当てにうかがったのに、しっかり夕飯をご馳走になり、挙げ句の果てにはおなかが一杯で主役のはずだったスイカが食べられなくなってしまいました。

彼女はとても料理上手で、私もハッとさせられることが多いです。料理上手なだけでなく、うまいものを売っているお店を見つけるセンスがあるのでしょう。先日引っ越したばかりだというのにもう近くにある鶏肉屋さんと仲よくなり、一人暮らしだというのにお肉を電話で注文したりしています。

今日もそのお肉屋さんで買ってきたという福島県川俣町の地鶏を使って、セロリとレタスの挟み蒸しを作ってくれました。その鶏肉屋さんはとても研究熱心で鶏に合う調味料や香辛料を調合したり、自家製ソーセージを作ったりしているそうで、私もカレー風味の調味料をお土産にいただきました。スイカは結局持ち帰りました。

今日いただいたおかずが美味しかったので、私なりに次のようにアレンジしてみました。

鶏肉のさっぱり蒸し

■材料

鶏もも肉、レタス、セロリの葉、塩、こしょう、酒、白ワイン

■作り方

① レタス、セロリの葉は粗い千切りにします。

② 鶏肉にきつめに塩、こしょうをします。鍋にセロリの葉を入れ、その上に鶏肉を並べ敷き、さらにその上にレタスをのせ、酒と白ワインをふりかけてフタをします。

③ ②を火にかけ、野菜からの水分で鶏肉を蒸し焼きにします。

④ 温かいうちにいただいても、冷めても美味しいおかずです。好みで粒マスタードを塗っていただくとお酒がすすみます。日本酒と白ワインはどちらか一つでもいいのですが、私は半々ずつ入れると、風味と酸味のバランスがいいような気がします。

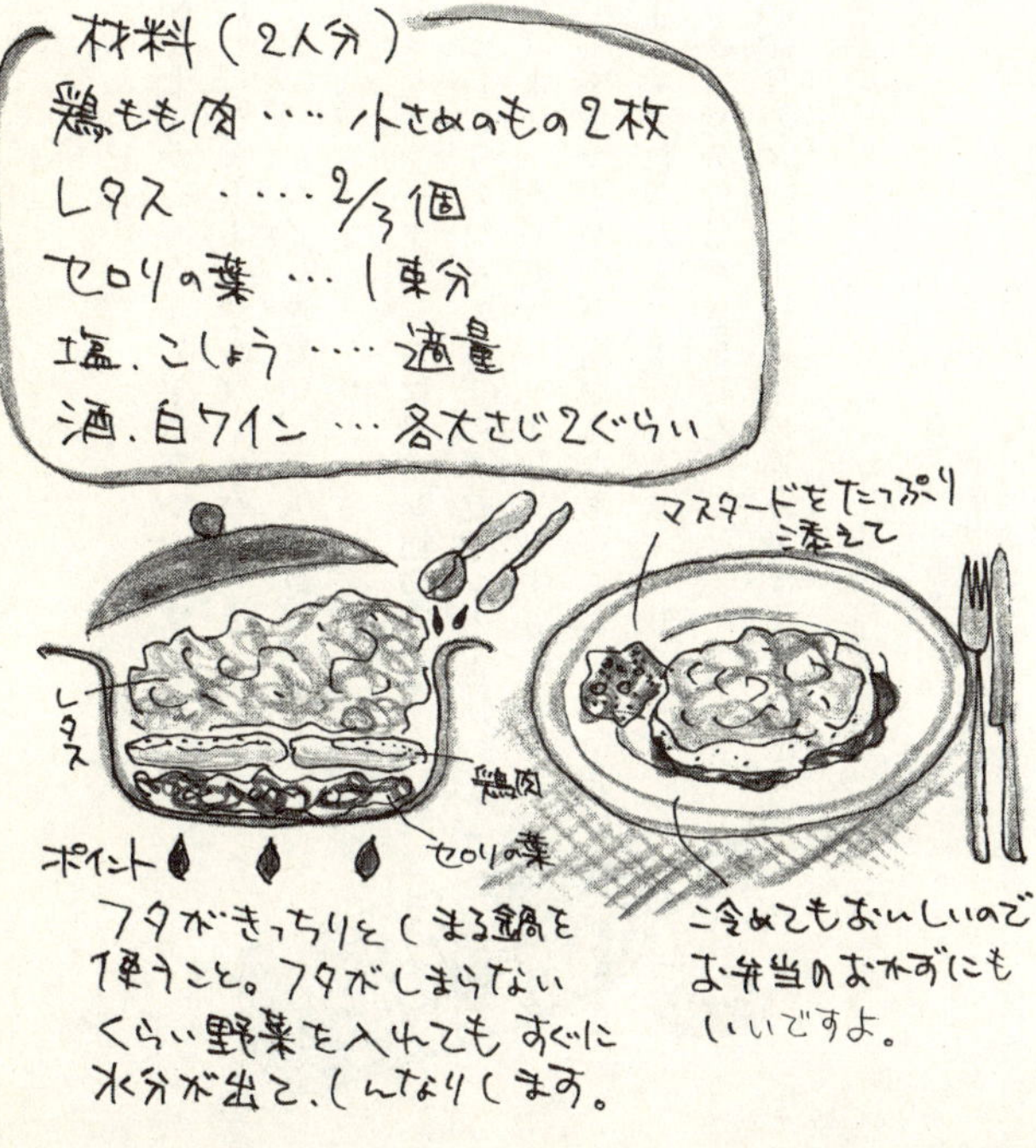
材料(2人分)
鶏もも肉…小さめのもの2枚
レタス….2/3個
セロリの葉…1束分
塩.こしょう….適量
酒.白ワイン…各大さじ2ぐらい
マスタードをたっぷり添えて
レタス
鶏肉
セロリの葉
ポイント
フタがきっちりとしまる鍋を使うこと。フタがしまらないくらい野菜を入れてもすぐに水分が出て、しんなりします。
冷めてもおいしいのでお弁当のおかずにもいいですよ。

SUMMER

6月3日

(晴れ)

恥ずかしながら気取ってみました

結婚してから、今年で早六年がたちました。お祝いにシャトー・マルゴーのパビリオン・ルージュの赤ワインを買い、二人で乾杯しました。

パビリオン・ルージュはワイン通の方たちがよく口にするワインです。赤ワインの王様マルゴーが、そのセカンドとして出すものですが、マルゴーが一万円からなら、こちらは約半額で手に入れることができます。味も香りもまず見分けはつきません。

記念日のメニューは以下の通りです。

サーモンのオードブル

■材料
サーモン、サワークリーム、キャビア、小麦粉、卵、牛乳、バター、油、チャイブ

■作り方
① 小麦粉、卵、牛乳、溶かしバターをサックリと混ぜて、フライパンに薄く油を塗って、厚めのクレープを焼きます。
② ①を冷まして、サワークリームを塗り、サーモンを敷きつめ、キャビアをのせて、チャイブを飾ります。

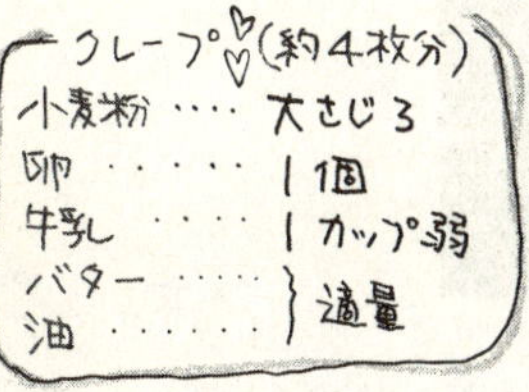
クレープ(約4枚分)
小麦粉……大さじ3
卵……1個
牛乳……1カップ弱
バター……
油…… 適量

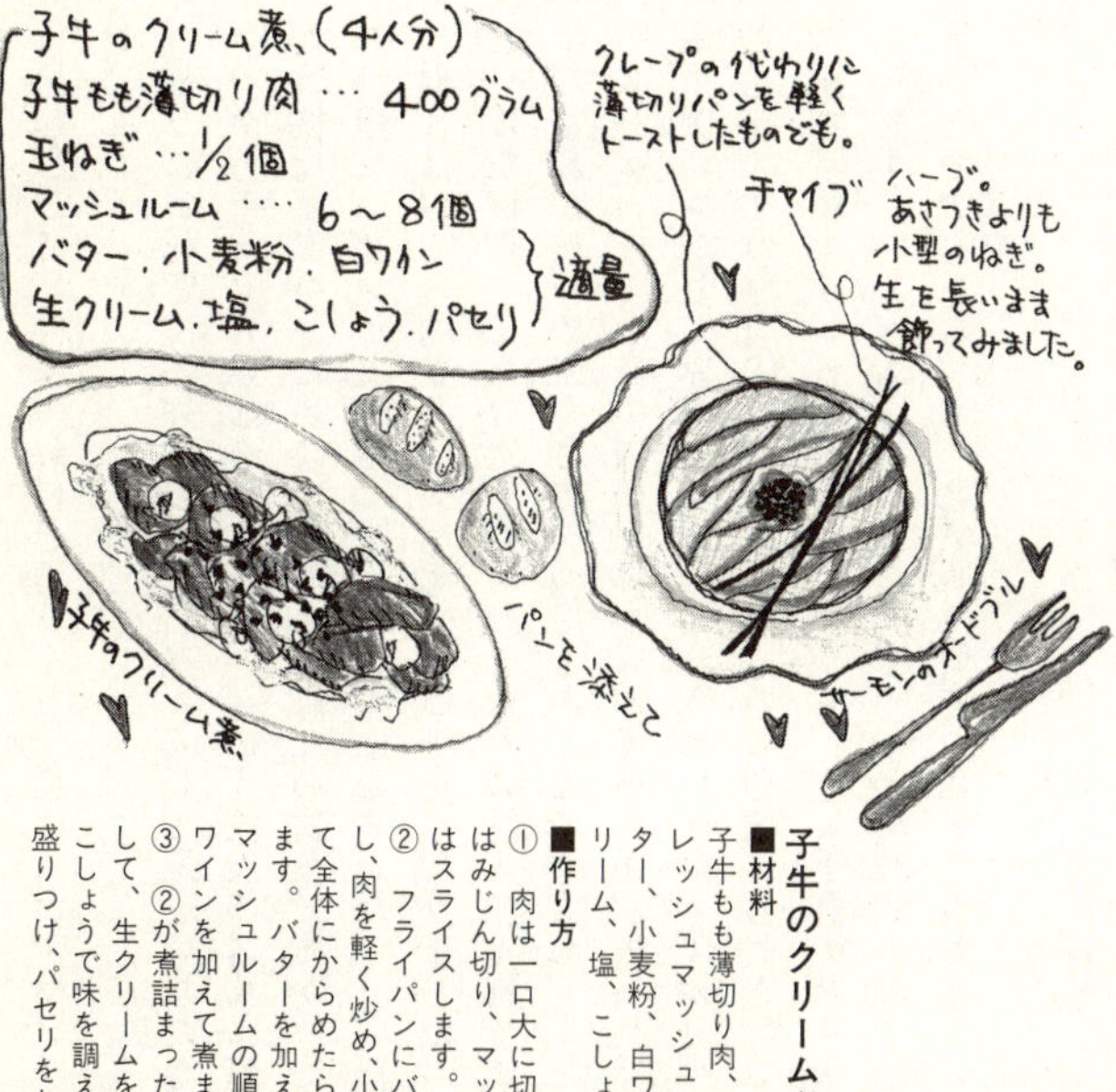
子牛のクリーム煮,(4人分)
子牛もも薄切り肉…400グラム
玉ねぎ…1/2個
マッシュルーム…6〜8個
バター,小麦粉,白ワイン
生クリーム,塩,こしょう,パセリ 適量
クレープの代わりに薄切りパンを軽くトーストしたものでも。
チャイブ
ハーブ。あさつきよりも小型のねぎ。生を長いまま飾ってみました。
子牛のクリーム煮
パンを添えて
サーモンのオードブル

子牛のクリーム煮

■材料
子牛もも薄切り肉、玉ねぎ、フレッシュマッシュルーム、バター、小麦粉、白ワイン、生クリーム、塩、こしょう、パセリ

■作り方
① 肉は一口大に切り、玉ねぎはみじん切り、マッシュルームはスライスします。
② フライパンにバターを溶かし、肉を軽く炒め、小麦粉をふって全体にからめたら、取り出します。バターを加えて玉ねぎ、マッシュルームの順に炒め、白ワインを加えて煮ます。
③ ②が煮詰まったら、肉を戻して、生クリームを加えて塩、こしょうで味を調えます。器に盛りつけ、パセリをちらします。

SUMMER

6月6日

(雨)

スパゲッティは立派だ　その1

早起きして、作家の谷村志穂さんと一緒にスポーツクラブへ出かけました。

帰りに谷村さんのお宅に寄り、遅いお昼ご飯をいただきました。スパゲッティぐらいならできるよ、と言う彼女の言葉に感激しました。彼女と出会った当時なら考えられない言葉ですが、二人で始めた料理レッスンが実を結んだことを実感しました。

本日はおくら納豆スパゲッティをご馳走になりました。私が彼女に一度だけ作ってあげたメニューを密かに覚えてくれていたようです。これが料理の楽しさの一つでもあるんですよね。

スパゲッティが偉いのか、日本人が偉いのか、スパゲッティを和風にアレンジしてみると、あれこれうまいメニューが見つかります。よくパスタの専門店にわざわざ別枠で〝和風〟と記されているところがありますが、日本人なんですから、堂々と和の味を大切にするべきです。何しろあちらの方だって、まっ黒なイカ墨まで和えてしまったのですから、もっと気楽に何でも和えてみるとよいのでは。

材料（2人分）
おくら……6〜7本
納豆……1パック
ねぎ、エシャロット…適量
卵………2個
かつおぶし、海苔…適量
塩、しょう油、オリーブオイル
スパゲッティ……200グラム
おくらは下ゆでしてから、小口切りに。
塩
スパゲッティは、海水ぐらい塩味のついた湯で、ゆで上げます。ここである程度味をつけてしまいます。
ネバネバです！
エシャロット
納豆
おくら
ねぎ
しょう油
ゆで汁
オリーブオイル

おくら納豆スパゲッティ

■材料
おくら、納豆、ねぎ、エシャロット、卵黄、かつおぶし、海苔、塩、しょう油、オリーブオイル、スパゲッティ

■作り方
① おくらはサッとゆがいて小口切りにします。納豆はたたいてひき割りにします。ねぎ、エシャロットはみじん切りにします。

② 塩を入れた湯でスパゲッティをアルデンテにゆで上げ、少々のゆで汁と一緒に手早く①とオリーブオイルを混ぜ合わせ、しょう油で味を調えます。器に盛りつけ、卵の黄身を落とし、かつおぶしと海苔をちらします。

SUMMER

6月9日

（雨のち曇り）

ただの冷やっこからほんの一歩

梅雨入りです。

この時期になるとお決まりのように冷やっこ、冷やっこと騒ぐ主人です。

昔はプーッ、プーッとラッパを吹きながらお豆腐屋さんが自転車でご近所を回っていましたが、最近はその姿は見かけません。ラッパの音がすると母に頼まれ、大きなボウルをもって自転車に乗ったお豆腐屋さんを追いかけたものです。

引き出しのような箱からお豆腐や油揚げやがんもどきが次々と出てきて、まるでからくり箱を見ているようで、お豆腐屋さんのおじさんの手さばきを興味深く見つめていました。

いつもただの冷やっこでは芸がないので、いろいろアレンジしてお豆腐をいただきます。味つけもおしょう油だけでなく、レモンやかぼす、ゆずなどの柑橘類を絞ると風味もよくいただけます。

冷やっこ（薬味）いろいろ

A　ねぎ、かつおぶし、しょうが
B　梅肉、しその葉、白ごま
C　ちりめんじゃこ、ねぎ、しその葉
D　ハム、きゅうり、錦糸卵、ごま油
E　納豆、おくら、ねぎ、かつおぶし
F　ピータン、ザーサイ、ねぎ、ごま油

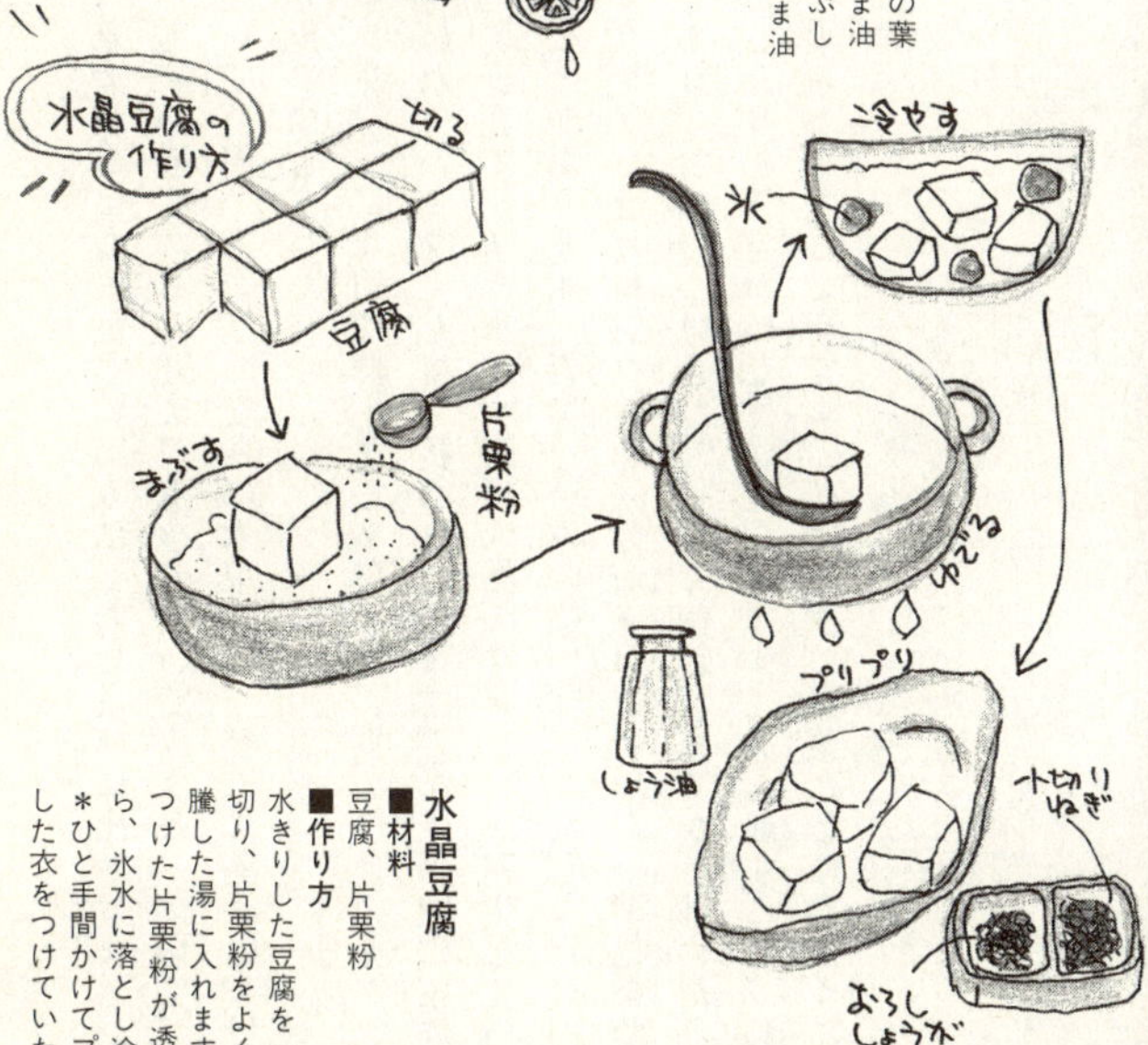

水晶豆腐

■材料
豆腐、片栗粉
■作り方
水きりした豆腐を一口サイズに切り、片栗粉をよくまぶして沸騰した湯に入れます。まわりにつけた片栗粉が透明になったら、氷水に落とし冷やします。
＊ひと手間かけてプリプリッとした衣をつけていただきます。

SUMMER

6月12日

（雨）

クレソンいろいろ

東大和市にある主人の実家に二人で遊びに出かけました。

実家の近くにある野菜の市をのぞいてみると、クレソンがなんと三束で百円。あまりの安さに六束買い、贅沢に葉っぱだけを摘んでサラダにしました。

クレソンは水辺に群生する多年草で、別名ウォータークレスとも呼ばれ、ハーブとしても扱われています。学生の頃に家族と出かけた奥日光で、湧き水の水路に天然のクレソンが密生しているのを見たことがあります。青臭く苦みの強い味でした。

クレソンはカルシウムや鉄分が多いことから、消化を助ける働きがあり、お肉のつけ合わせによく使われますが、炒めたり、お浸しにしたりしてもおいしくいただけます。火を通すことで独特の苦みが柔らかくなるようです。私は鍋物の野菜としても使うことがあります。

クレソンサラダ

■材料
クレソン、フレッシュマッシュルーム、ベーコンまたはハム、レモン汁、フレンチドレッシング、クルトン

■作り方
① クレソンの葉をていねいに摘み取り、氷水につけてパリッとさせ、水気をきります。
② マッシュルームはスライスし、レモン汁をかけておきます。ベーコンは適当な大きさに切り、油を使わずフライパンでカリカリになるまで炒めます。ハムの場合は炒めません。
③ ①、②を合わせ、ドレッシングで和えます。
④ 器に盛りつけ、上にクルトンをちらします。
＊クルトンは食パンをサイコロ型に切り、フライパンでカリカリに焼いたものです。

クレソン
葉をパリッと
氷水
フレッシュマッシュルーム
レモン
マッシュルームはレモン汁をかけておくと、色が変わりません。
ベーコン
カリッカリッ
材料を合わせます
まぜまぜ
好みのドレッシングでどうぞ！
私はマスタードをきかせたドレッシングが気に入っています。
パン
クルトンを上にちらします
パンをサイコロ型に切り、フライパンでこんがりカリカリになるまで焼きます。
カリッカリッ

SUMMER

6月13日

（曇り）

ピーマンをもりもり食べる

男性ばかりの踊り手でクラシックバレエを演じる、トロカデロ・デ・モンテカルロ・バレエ団を観に行きました。白鳥の湖などの古典バレエの振り付けを忠実に再現しつつ、大袈裟な振りや表情で笑わせてくれるので、バレエをあまり知らない主人も楽しめたようです。

毎年彼らは日本で公演し、今年で十年を迎えました。ファンクラブもあり、最後のアンコールのときにはファンの女性が舞台に詰めかけ驚きました。日本人のバレエ公演では考えられないことです。日本のバレエ団も格式のある舞台も大切でしょうが、もう少し派手な演出をすると、観客ももっとバレエに親しめるような気がしました。

夕飯は炒め煮を作りました。ピーマンがウソのようにもりもり食べられますよ。みりんで甘みをつけるので、ピーマン独特の苦みが柔らかくなります。苦手な方もこれならいけるかもしれません。

ピーマンとじゃこの炒め煮

■材料
ピーマン、ちりめんじゃこ、油、しょう油、みりん

■作り方
① ピーマンは種を取り除き、5ミリぐらいの幅の千切りにします。
② 熱したフライパンに油を入れ、ピーマンとじゃこを炒めます。全体に油がなじんだら、しょう油、みりんを加え、サッと煮ます。あまりピーマンがくたくたにならないよう手早く調理します。

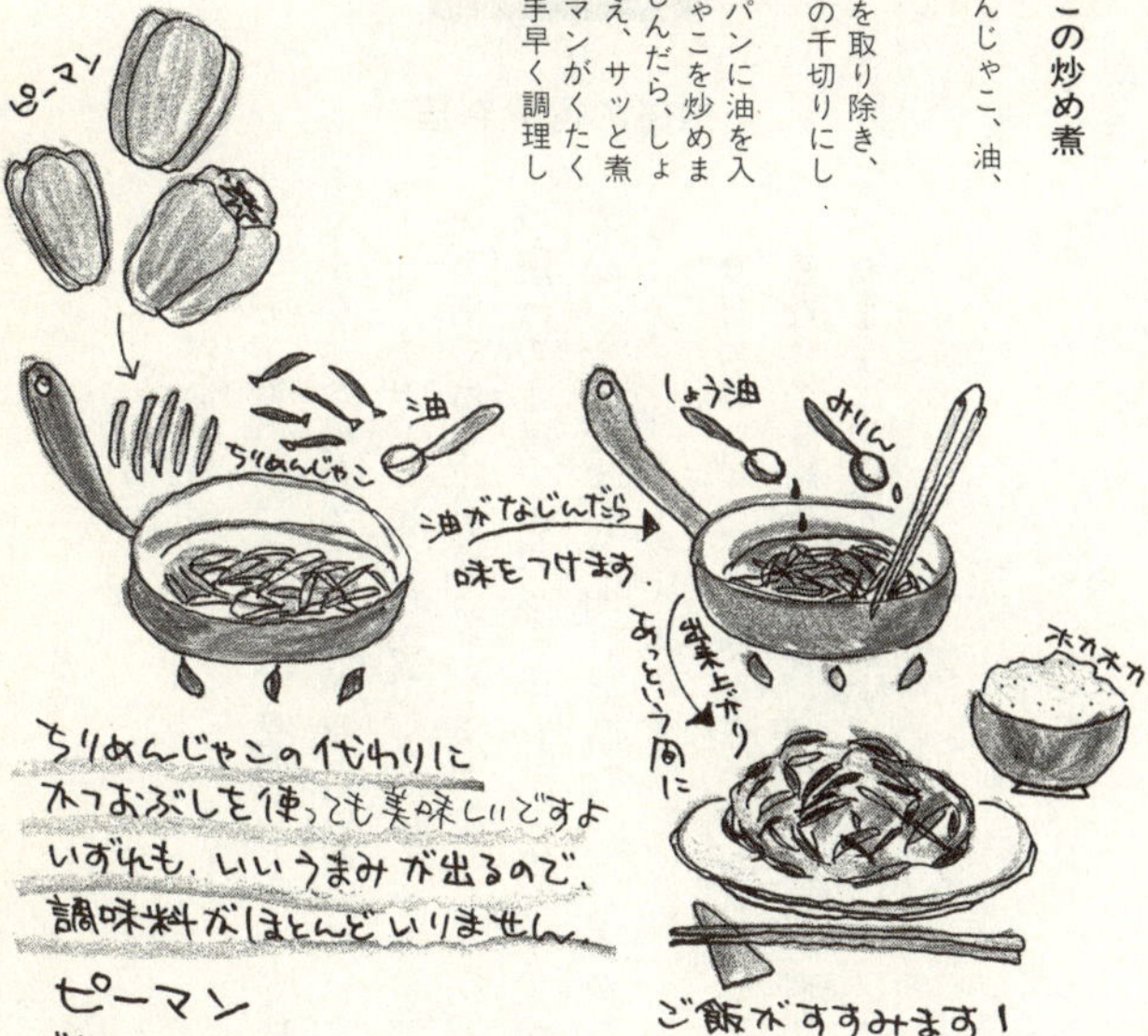
ピーマン
ちりめんじゃこ
油
油がなじんだら
味をつけます.
しょう油
みりん
あっという間に
出来上がり
ホカホカ
ご飯がすすみます！

ちりめんじゃこの代わりに
かつおぶしを使っても美味しいですよ
いずれも、いいうまみが出るので、
調味料がほとんどいりません。

ピーマン
学名：Capsicum annuum var. angulosum
分類：ナス科トウガラシ属
トウガラシの中で、比較的大形で辛味のないものをピーマンと呼ぶんだそうです。ピーマンは仏語のPimentからきたもの。英名はベルペッパー，スィートペッパー、日本では江戸時代にごくわずか栽培されていましたが、明治時代にアメリカから導入されたのが本格的な栽培の始まりです。

SUMMER

6月15日

（晴れ）

祖母の得意料理

梅雨の合間の快晴。

夕方、買い物に出ると、見たことのない薄紫がかった桃色の夕焼けが空に広がっていました。あまりに美しいので、しばらく家の前の公園でボーッと眺めてしまったくらいです。夕焼けの色は赤みの強いオレンジ色だけじゃなかったんですね。明日は晴れてくれるかしら。

今日のおかずは、私が小さい頃から食べているなすの味噌炒めです。祖母の得意料理だったように記憶しています。

なすの油味噌炒め

■材料
なす、新玉ねぎ、ピーマン、味噌（合わせ味噌、または八丁味噌）、しょう油、砂糖、みりん、日本酒、油

■作り方
① 味噌、しょう油、砂糖、みりん、日本酒を合わせておきます。
② 野菜を切り、熱した鍋に油を入れて、なす、新玉ねぎ、ピーマンの順に炒めていきます。
③ ②に①を加えて味をからませます。
＊中華風にしたいときは、材料ににんにく、赤唐辛子、ごま油を加えます。

材料（4〜5人分）
なす……3本
新玉ねぎ……2個
ピーマン……2〜3個
味噌……大さじ2〜3
しょう油……大さじ1/2
砂糖……大さじ1弱
みりん．日本酒／だし汁……少々
油……多めに

味噌の味によって他の調味料の分量を調整してください。私はこの料理は、少々甘めに味をつけたほうが好きです。

なす．新玉ねぎ．ピーマンは油と合わせるととても味が引き立ちますね。

SUMMER

6月19日

（雨）

野菜を少しだけ食べる義父のために

父の日。主人と一緒に義父へのプレゼントの靴下を買いに出かけました。

東大和市にある実家へ行って、夕飯を私が作りました。お父さんはあまり野菜が得意でなく、お肉ばかりを好んで食べていましたが、最近は体のことを考えて、野菜のおかずを肴にお酒を飲むようになりました。

そんなお父さんが私が作る料理のなかで気に入ってくれている、いんげんのしょう油煮ときゅうりのたたきを用意しました。

いんげんのしょう油煮

■材料
いんげん、かつおぶし、しょう油、みりん

■作り方
① いんげんをかためにゆで、3〜4センチの長さに切ります。
② 鍋に①、いんげんが隠れるくらいの水、かつおぶしを入れて火にかけます。汁気がなくなってきたら、しょう油、みりんを入れてひと煮立ちさせます。

しょう油煮の
材料
いんげん……1袋
かつおぶし……1パック
しょう油、みりん…適量
いんげん
切る
下ゆで
しょう油
みりん
煮る

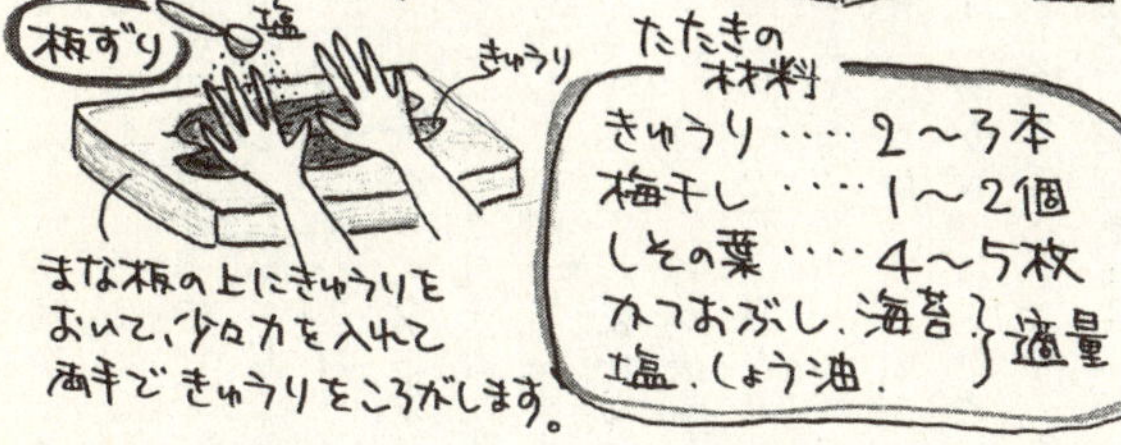
板ずり
塩
きゅうり
まな板の上にきゅうりを
おいて、少々力を入れて
両手できゅうりをころがします。
たたきの
材料
きゅうり……2〜3本
梅干し……1〜2個
しその葉……4〜5枚
かつおぶし、海苔
塩、しょう油
適量

きゅうりのたたき

■材料
きゅうり、梅干し、しその葉、かつおぶし、海苔、塩、しょう油

■作り方
① 梅干しは種を取り除き、梅肉をたたいておきます。しその葉は千切りにします。
② きゅうりに塩をふって、板ずりします。しんなりしたら、塩を洗い流し、麺棒などでたたき、一口サイズに割ります。
③ ボウルに①、②、かつおぶしを合わせ、混ぜます。塩、しょう油で味を調え、もみ海苔を合わせて出来上がりです。

SUMMER

6月23日

(雨)

重たいキャベツをふたつも抱え

近所の八百屋さんで、大きい立派なキャベツが一玉百五十円でした。重いだろうなと思いつつ、欲張って二玉買い帰りました。家に着くとTシャツの背中の部分が汗でびっしょりと濡れていました。さっそく一玉をお漬物にし、遅いお昼ご飯にはキャベツ・スパゲッティを作りました。キャベツを一玉買うと、必ず作るくらい気に入っているレシピです。キャベツの甘みがにんにくやアンチョビの味を丸くしてくれるので、あっさりとした優しい味に仕上がります。

キャベツは年間を通して出回っていますが、この時期に出ているのはたいていが高原キャベツで、夏から秋にかけて出回ります。平たい形の冬キャベツは一月、二月が美味しい時期です。冬キャベツは葉がかためなので、炒めたり、煮たりすると甘みが出ます。外側のたっぷりと大きい葉でロールキャベツをよく作ります。葉が柔らかくて真ん丸い新キャベツは、四月頃が一番美味しく、生でいただくのに適しています。我が家ではトンカツのつけ合わせのキャベツを一玉分刻みます。もちろん、小ぶりのものですが、バリバリとお肉と一緒にキャベツをいただきます。

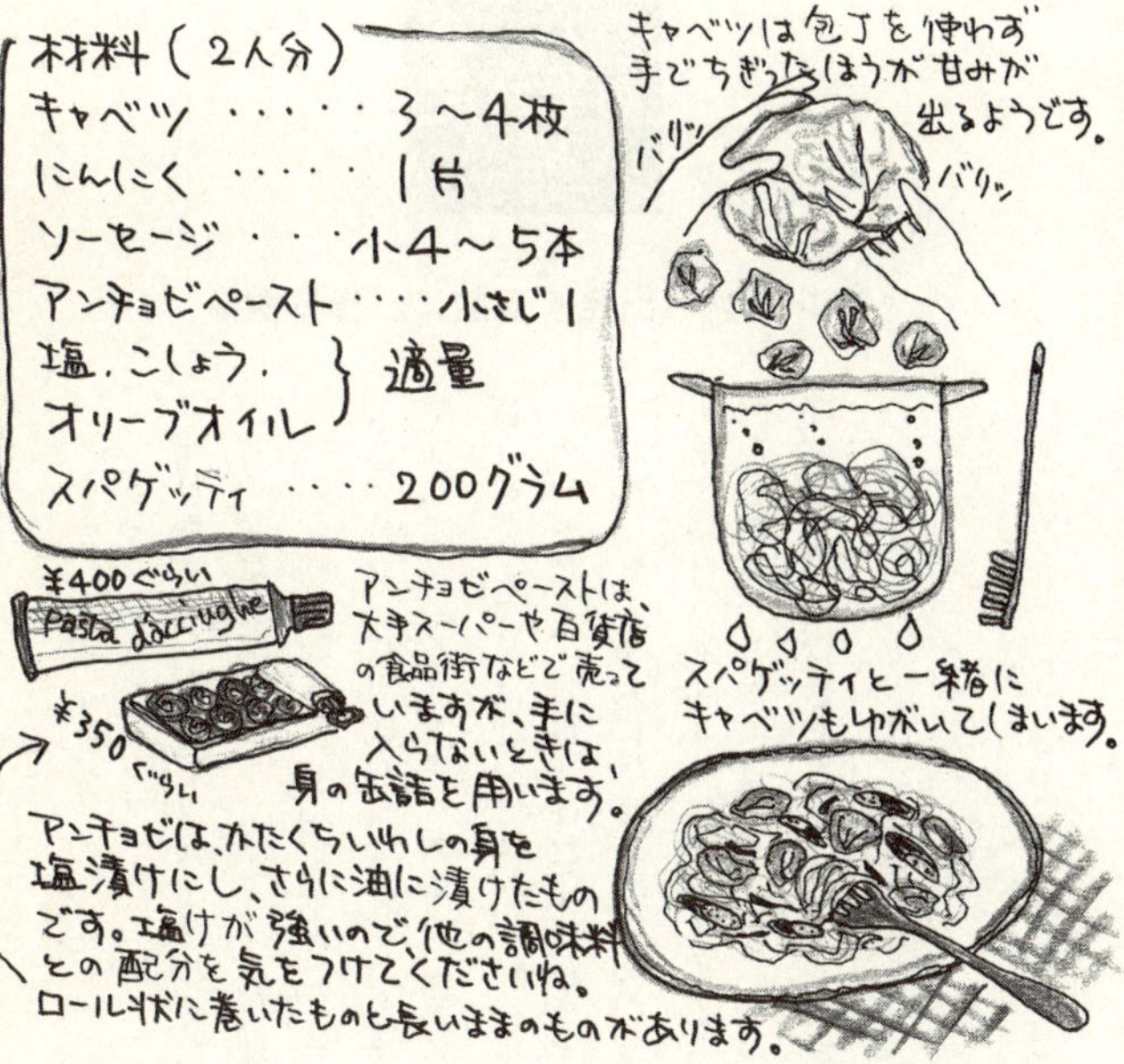
材料（2人分）
キャベツ……3〜4枚
にんにく……1片
ソーセージ…小4〜5本
アンチョビペースト…小さじ1
塩、こしょう、オリーブオイル　適量
スパゲッティ…200グラム
キャベツは包丁を使わず手でちぎったほうが甘みが出るようです。
バリッ
バリッ
¥400ぐらい
Pasta d'acciughe
¥350ぐらい
アンチョビペーストは、大手スーパーや百貨店の食品街などで売っていますが、手に入らないときは、身の缶詰を用います。
スパゲッティと一緒にキャベツもゆがいてしまいます。
アンチョビは、かたくちいわしの身を塩漬けにし、さらに油に漬けたものです。塩けが強いので、他の調味料との配分を気をつけてくださいね。
ロール状に巻いたものと長いままのものがあります。

■高原キャベツのスパゲッティ

■材料

キャベツ、にんにく、ソーセージ、アンチョビペースト、塩、こしょう、オリーブオイル、スパゲッティ

■作り方

① キャベツは手で一口大にちぎります。にんにくはスライス、ソーセージは太いものは縦半分に切ってから、斜め切りにします。

② 塩を入れた湯でスパゲッティをゆでます。スパゲッティがゆで上がる寸前に同じ鍋にキャベツを入れ、ゆがきます。

③ フライパンにオリーブオイル、にんにくを入れ、香りが出るまで炒めます。そこにソーセージ、アンチョビペースト、さらに②と少々のゆで汁を加えて手早く炒め、塩、こしょうで味をつけます。

＊キャベツはゆでるので、外側のかたい葉を使います。そのほうが緑も鮮やかです。

SUMMER

6月26日

(晴れ)

ロンドンへ出発する前に、作り置き

今日からロンドンの友人を訪ねるため、しばらく東京を離れます。イギリス料理はあまりいい評判を聞きませんが、本当にそうなんでしょうか、代表的なフィッシュ&チップスやローストビーフ、アフタヌーンティの味を確かめてこようと思います。

チャッピー、お留守番お願いしますね。

日本に残る主人にはせめて料理だけでもと、以前ロンドンの友人から教わった料理を作り置きしていくことになりました。私のいない間にも、野菜はきちんととってくださいね。

レタスの温かいサラダ

■材料
レタス、しょう油、酢、砂糖、赤唐辛子、ごま油

■作り方
① しょう油、酢、砂糖、小口切りの赤唐辛子を鍋に入れ、ひと煮立ちさせます。
② レタスをサッとゆで、熱いうちに①と合わせ、ごま油をたらします。
＊レタスの代わりにチンゲン菜や白菜を使っても美味です。

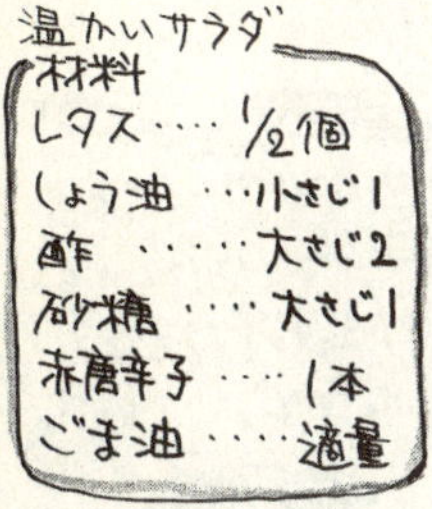
温かいサラダ
材料
レタス……1/2個
しょう油…小さじ1
酢……大さじ2
砂糖…大さじ1
赤唐辛子…1本
ごま油…適量

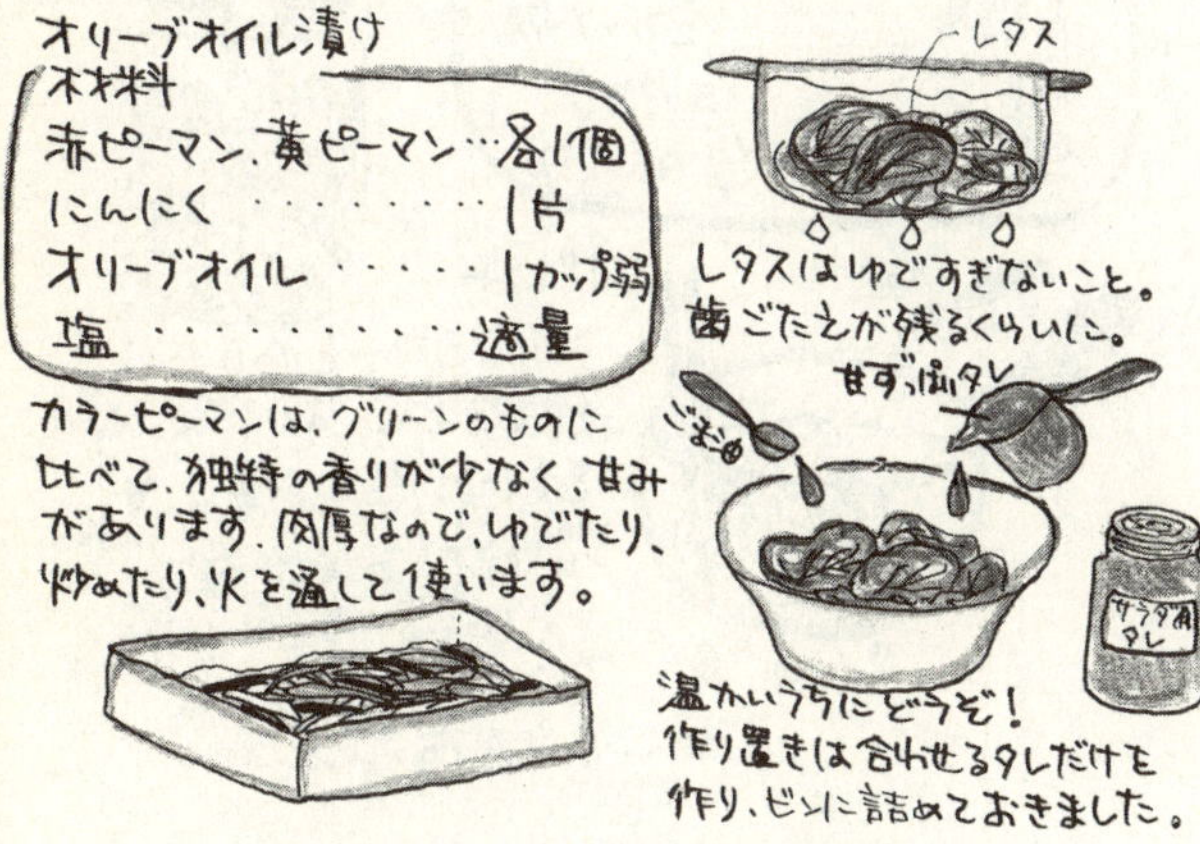
オリーブオイル漬け
材料
赤ピーマン、黄ピーマン…各1個
にんにく……1片
オリーブオイル……1カップ弱
塩……適量
カラーピーマンは、グリーンのものに比べて、独特の香りが少なく、甘みがあります。肉厚なので、ゆでたり、炒めたり、火を通して使います。
レタス
レタスはゆですぎないこと。歯ごたえが残るくらいに。
甘ずっぱタレ
ごま油
サラダ用タレ
温かいうちにどうぞ！
作り置きは合わせるタレだけを作り、ビンに詰めておきました。

ピーマンのオリーブオイル漬け

■材料
赤ピーマン、黄ピーマン（オランダ産の肉厚のもの）、にんにく、オリーブオイル、塩

■作り方
① ピーマンをオーブンで真っ黒に焼き、黒く焦げた皮をむいて、細切りにします。
② にんにくをつぶし、オリーブオイル、塩と合わせ、①を漬けます。一日おいてからが食べ頃です。
＊あちらのピーマンは皮がとてもかたく、ゴソゴソするのでオーブンで焼いてむくそうです。オーブンがないときには網で焼いてください。

材料
カリフラワー……1株
玉ねぎ……小1/2個
セロリ……1/2本
レモン……薄切り3〜4枚
塩、こしょう、タイム…各少々
砂糖……1/2カップ弱
酢……2/3カップ
油……少々
カリフラワーの他にきゅうりやにんじん小玉ねぎなどでもどうぞ。
塩
ポイント
カリフラワーをかためにゆでること。すぐに食べないときには、生のまま漬け汁と合わせます。
2〜3日漬けるとやわらかくなるので、そのほうが歯ごたえがあっておいしいです。

カリフラワーのピクルス

■材料

カリフラワー、玉ねぎ、セロリ、レモン、塩、こしょう、タイム、酢、砂糖、油

■作り方

① カリフラワーをかために塩ゆでします。

② 玉ねぎ、セロリをスライスし、薄切りのレモン、塩、こしょう、タイム、酢、砂糖と合わせて煮立て、油を加えます。

③ 水気をきった①と②を合わせ、冷やします。

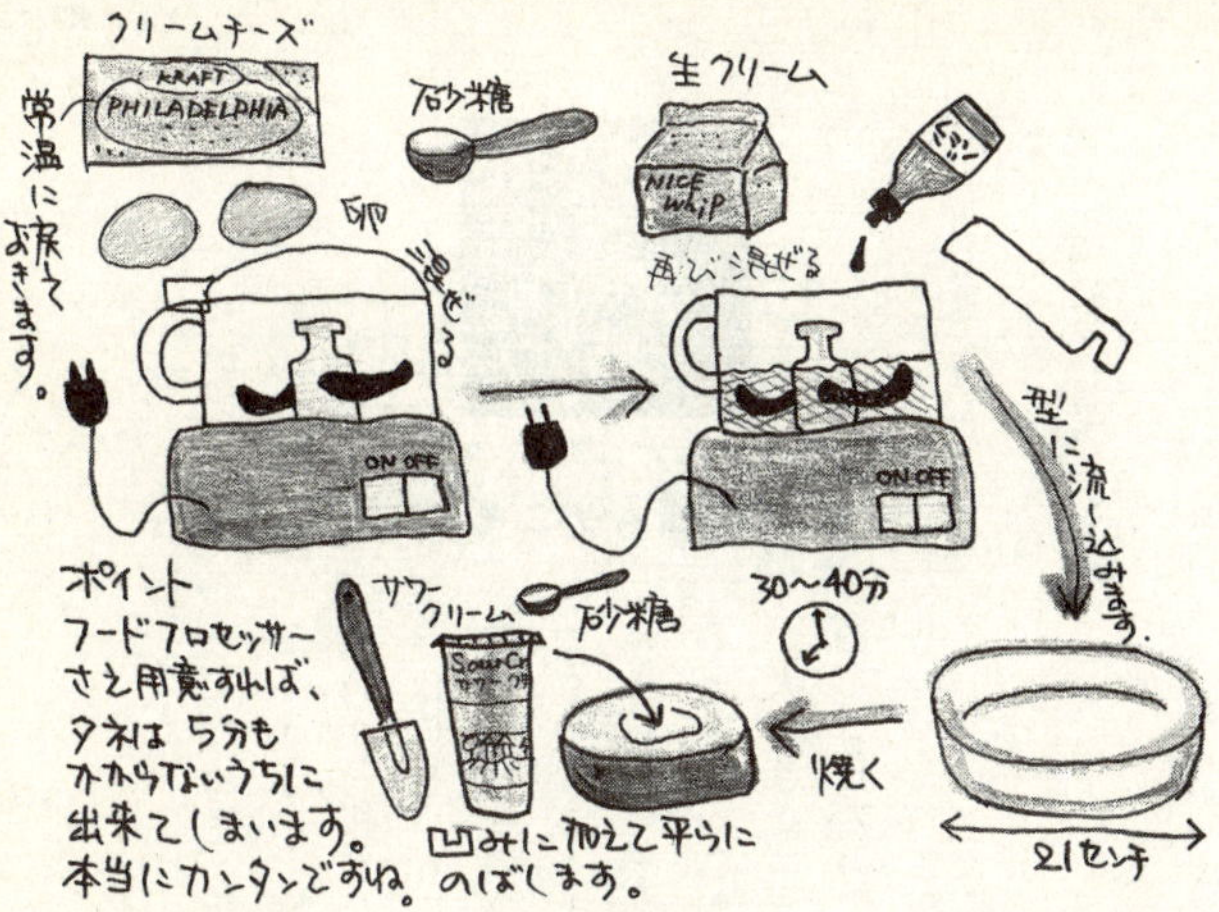
クリームチーズ
KRAFT
PHILADELPHIA
常温に戻しておきます。
砂糖
卵
混ぜる
生クリーム
NICE whip
再び混ぜる
ON OFF
ON OFF
型に流し込みます。
ポイント
フードプロセッサーさえ用意すれば、タネは5分もかからないうちに出来てしまいます。本当にカンタンですね。
サワークリーム
Sour Cr
サワークリーム
砂糖
30〜40分
焼く
21センチ
凹みに加えて平らにのばします。

お好みでブルーベリーのジャムを添えたり。

計量のいらない簡単チーズケーキ

■材料

A　全卵2個、フィラデルフィアのクリームチーズ1箱（250グラム）、砂糖大さじ6〜7（できればグラニュー糖）

B　生クリーム1箱（200ml）、バニラエッセンス適量

C　サワークリーム1パック（200ml）、砂糖小さじ2

■作り方

① あらかじめオーブンを180度から200度ぐらいに温めておきます。

② Aをフードプロセッサーに入れ混ぜ合わせ、次にBを加えて軽く回し、耐熱器に流し込みます。これをオーブンに入れて表面がこんがり焼けるまで30分から40分焼きます。

③ Cを混ぜ合わせます。ボウルにあけずにサワークリームのパックの中で混ぜてしまうと、洗い物が少なくてすみます。

④ ②をオーブンから取り出し、しばらく冷ましておきます。そうすると真ん中が凹んできます。その凹みに③を入れ、表面をきれいに平らにし、さらに全体が冷めるまで待ちます。

⑤ ④にきっちりラップをかけて、冷蔵庫で冷やします。

＊器は、パイレックスの21センチの型がこの分量には合うようです。オーブンによっては焦げ目が真ん中だけしかつかない場合もあるので、そのときには真ん中にホイルをかけて、全体がまんべんなく、こんがり焼けるようにします。

SUMMER

7月5日
（雨）

旅の余韻もそこそこに

ただいま、チャッピー。無事に東京に戻ってきました。旅先から戻り、まず何をするかというと和食をいただくことでしょう。

むこうでも時には日本食を食べていたのですが、帰りの飛行機の中は帰ったら食べるいつものメニューが頭から離れず、困ってしまいました。そんな気持ちを知ってか、家に戻ると主人がご飯を炊いておいてくれました。

大好きなニラと油揚げのお味噌汁を作り、こんな日の得意の漬物混ぜご飯をいただきました。このご飯ならおかずはいりません。

漬物混ぜご飯

■材料
たくわん、しば漬け、野沢菜などの漬物、しその葉、白ごま、炊きたてのご飯

■作り方
① 漬物をそれぞれ細かく切ります。しその葉は千切りにし、ごまはできれば軽く炒り、粗く切ります。
② 炊きたてのご飯に①を合わせて軽く混ぜます。

ホッカ
ホカ

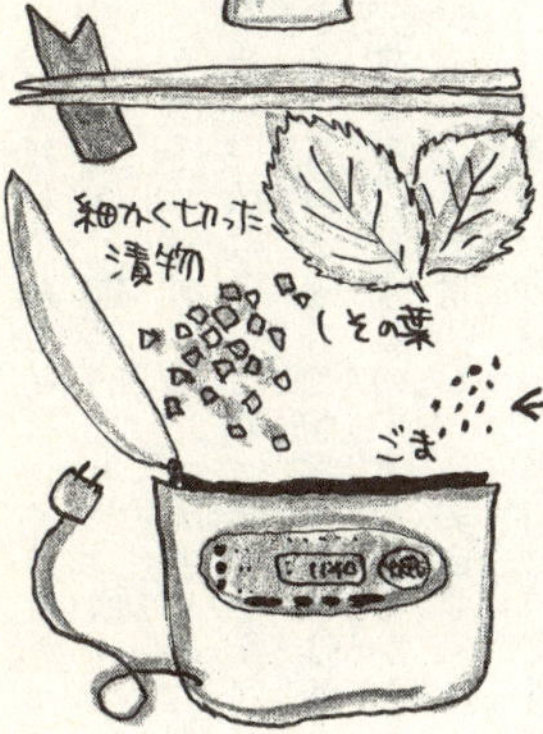
細かく切った漬物
しその葉
ごま

ごまはフライパンなどで軽く炒ります。
プチ
パチッ
パチ
ごまが少々跳ねます。
遠火で
ナプキン
包丁を包むように
ごま

切りごまのやり方
ナプキンをふたつに折り、
その中に炒ったごまを入れ、
ナプキンの両端を持ち、
中でごまをたたくようにして
切ります。こうすると、ごまが
ちらかりません。カンタン！

＊京菜やみぶ菜のお漬物なら、しらす干しが合うようです。細かく刻んで、しらす干しを混ぜ合わせて、アツアツご飯にのせていただくと最高ですよ。

SUMMER

7月6日

（曇り）

〝なめろう〟こと、鰺の味噌たたき

時差ぼけで朝五時にはパチリと目が覚め、夕方に眠くなります。早寝早起きで健康的ですが、慣れない時間帯に戸惑ってしまいます。

朝食を六時には食べ終わり、晩ご飯は夕方五時頃、私に合わせて、無理やり食べさせられる主人は大迷惑です。食事の時間ぐらいは元に戻そうとするのですが、なかなかおなかがいうことを聞いてくれません。食いしん坊は、時差ぼけが直りにくいようです。

夕飯は鰺の味噌たたきにしました。味噌たたきは酒飲みの祖父の大好きな肴で、祖父が母に教えたという珍しい料理です。小さい頃から鰺のたたきというと味噌で和えたものがテーブルに出てきたので、たたきとはこういうものだと、ずっと思っておりました。この我が家のたたきは一般的には、「なめろう」と呼ばれる料理なんだそうです。

鯵の味噌たたき

■材料
鯵の刺身、しその葉、しょうが、長ねぎ、味噌（合わせ味噌、または赤味噌）

■作り方
① しその葉、しょうが、長ねぎを粗みじんに切ります。
② 鯵の刺身を包丁で粗くたたき、味噌と①を加えて混ぜ合わせながら、さらに軽くたたいて出来上がりです。アツアツのご飯にのせて、海苔で巻きながらいただきます。日本酒のおつまみにも最高です。これが余ってしまったら冷凍しておき、後日つみれ汁にでもしてください。

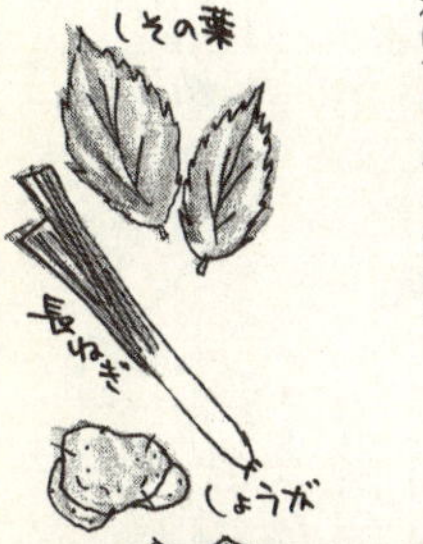
しその葉
長ねぎ
しょうが

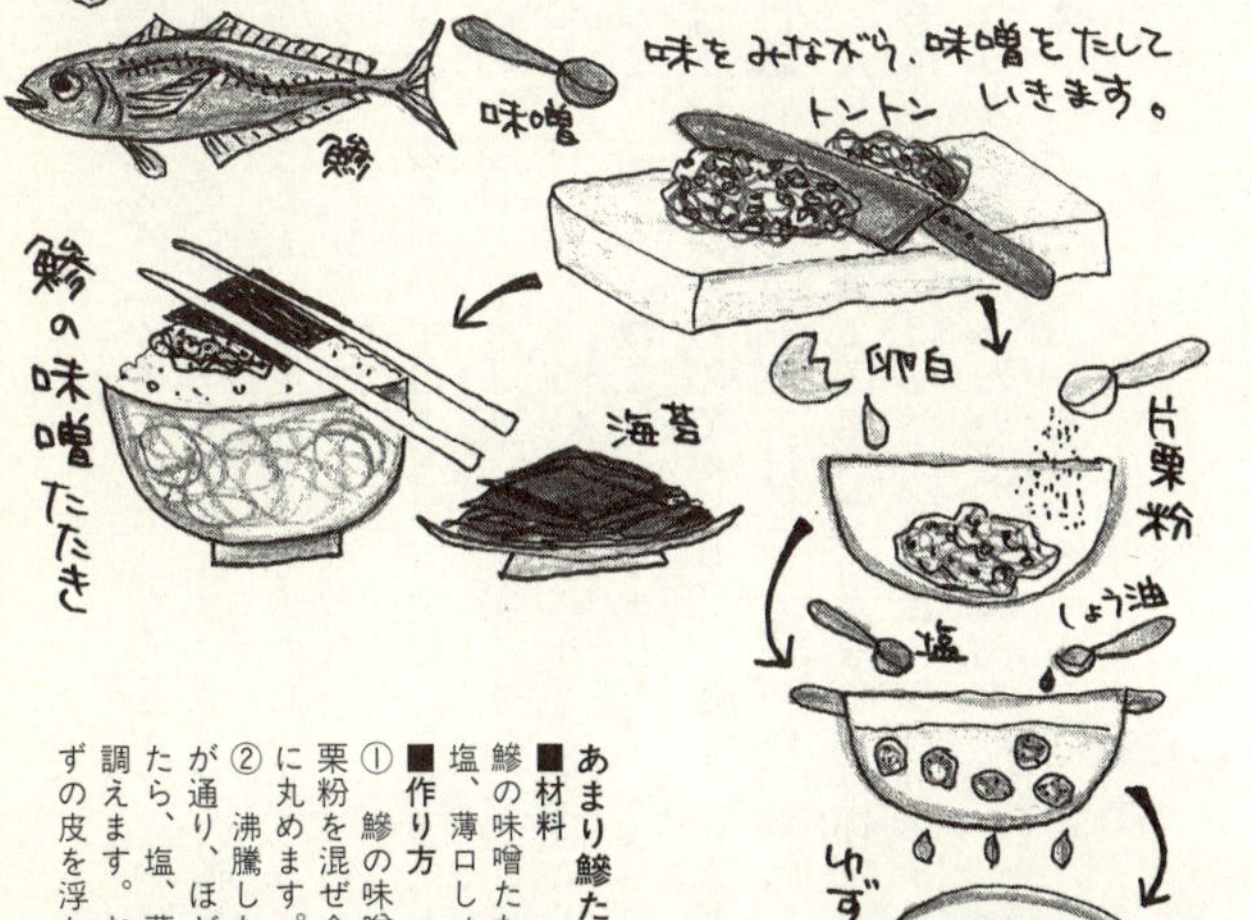
鯵
味噌
味をみながら、味噌をたしていきます。
トントン
鯵の味噌たたき
海苔
卵白
片栗粉
塩
しょう油

ゆずの香りも一緒に。
つみれ汁

あまり鯵たたきのつみれ汁

■材料
鯵の味噌たたき、卵白、片栗粉、塩、薄口しょう油、ゆず

■作り方
① 鯵の味噌たたきに卵白、片栗粉を混ぜ合わせ、一口サイズに丸めます。
② 沸騰した湯に①を入れ、火が通り、ほどよいだしが出てきたら、塩、薄口しょう油で味を調えます。お椀に盛りつけ、ゆずの皮を浮かべます。

SUMMER

7月7日

（曇り）

枝豆だって真剣勝負

七夕。今日はどうにか夜までお天気がもってくれたので、彦星と織姫も無事会えたでしょうか。笹竹をベランダに飾り、チャッピーと星空を眺めながら、キンキンに冷えたビールとうまくゆで上がった枝豆をいただきました。

枝豆は大豆の未熟種子のことで、生長した種子は大豆として豆腐やしょう油の原料となります。つい最近までこのことを知らず、大豆の畑になぜ枝豆がなっているんだろうと不思議に思って、農家の方に尋ねて、恥をかいたことがありました。

枝豆はさやごとゆでるのでゆで加減が難しく、緊張します。私は枝豆には思い切ってバンバン塩を加えるのが、美味しく食べるコツだと思っています。ゆでるときにも塩を使い、ゆでたての熱いうちにも塩をふります。私は熱いうちに食べるのが好きですが、冷ますときにはうちわなどであおいで一気に熱を取ると、緑が鮮やかに仕上がります。

私の思う枝豆の一番美味しいゆで方

■材料

枝豆、塩

■作り方

① 枝つきのものは枝からさやを手でもぎ取り、水洗いします。

② ボウルに①を入れ、塩をふって合わせ、豆をこすり合わせるようにして、さやのうぶ毛を取ります。

③ たっぷりの湯に塩を加えて②を入れ、時々箸でかき回しながら、色よくゆでます。

④ ざるにあげ、塩をふり、冷まします。

枝豆

塩どばっ
さやのうぶ毛をとります。
また塩をどばっ
たっぷりの湯でゆでます。
うちわでパタパタ
またまた塩をどばっ
冷まします。
天然塩を使うとかなりいけます！

SUMMER

7月10日

（雨）

チャッピーも湿った日

梅雨明けが待ち遠しい毎日です。

梅雨明け間近になると、毎年決まってぐずぐずと雨が降り続きます。部屋中に洗濯物が下がり、この時期だけは乾燥機が欲しくなります。心なしか、チャッピーも湿っています。彼はやっぱりぬいぐるみなのです。

お昼に、冷蔵庫に半端に残っていたトマト一つとなす一本を使って、スパゲッティを作りました。私はどんな材料でもスパゲッティを作ってしまいますが、このトマトとなすは本場イタリアでも定番ですね。なすを炒めながら、オリーブオイルをたっぷり染み込ませるのがコツです。

材料（1人分）
トマト……1個、なす…1本
にんにく……小1片
オリーブオイル… 多めに
塩、こしょう
パルメザンチーズ
適量
スパゲッティ……100グラム
ポイント1
トマトの種を取り除くと、仕上がりが水っぽくなりません。
MEMO
にんにくは皮つきのまま軽く包丁でつぶすと皮がむきやすいです。イタリア人シェフがそうやっていたのを見かけ、試してみました。BUONO!
ポイント3
おろしたてのチーズをかけます。味も香りもバツグンです。たっぷりかけていただきます。
ボーノ！
ポイント2
なすがオリーブオイルを含んで、きれいなアメ色になるまで炒めます。

トマトとなすのスパゲッティ

■材料

トマト、なす、にんにく、オリーブオイル、塩、こしょう、パルメザンチーズ、スパゲッティ

■作り方

① トマトは種を取り除き、適当な大きさに切ります。なすも適当な大きさに切ります。にんにくはつぶしておきます。

② 塩を入れた湯でスパゲッティをゆでます。

③ フライパンにオリーブオイルとにんにくを入れ、火にかけ香りを出します。にんにくの香りとうまみが出たら、にんにくを取り除き、そこになすを加えて炒めます。なすがしんなりしてきたら、ゆで上がったスパゲッティとゆで汁少々、トマトを加えて軽く炒めます。塩、こしょうで味をつけ、すりおろしたパルメザンチーズをかけて、出来上がりです。

SUMMER

7月12日

（曇り）

もうこれしかないという味

主人が鈴鹿でのレースを終えて、帰ってきました。シーズン中はワンレース終えるごとに、体重が二〜三キロ減ります。レース中の食事は、ほとんど満足なものが食べられないと聞いています。朝は車の中でコンビニのおにぎりやサンドウィッチを頬張り、お昼はほとんど仕出し弁当かサーキット内の食堂でカレーライスやうどんですませるといった具合。週のほとんどがこの調子ですから、栄養も偏ります。

その点、海外でのレースは、チームごとに専属のコックさんがおり、スタッフの食事を用意します。主人がベルギーでのレースにイギリス人チームで参戦した際には私も同行したのですが、私はレースそっちのけで、コックさんばかり見ていました。

今日はスタミナをつけるため、主人の大好物の鶏のから揚げを作りました。誰でも作るから揚げですが、私はこの味には、自信を持っております。ごま油を大胆に入れるのと、小麦粉と片栗粉を両方使うのがコツです。表面はカラッと、中はしっとりと仕上がります。

材料（2～3人分）
鶏もも肉 …… 大1枚
しょう油、みりん、
酒、ごま油
各大さじ3～4
にんにく、しょうが … 各1片
卵 …… 1個
小麦粉
片栗粉
各大さじ4～5
揚げ油 … 適量
にんにく
しょうが
ごま油
しょう油
酒
みりん
味つけ
たっぷり2時間は漬けましょう。
これで味が決まります。
卵
小麦粉
片栗粉
はっきりいって自信があります！
レモンを添えて
から揚げがべとっとしないように和紙などを敷いて。
衣をつけます。
肉から水分が出たときには、粉を入れる前に少々汁けをきりましょう。衣をクリーム状にするのが、ポイントのひとつです。

もうこれしかないという鶏のから揚げ

■材料

鶏もも肉、しょう油、みりん、酒、ごま油、にんにく、しょうが、卵、片栗粉、小麦粉、揚げ油

■作り方

①　鶏もも肉を一口大に切り分けます。

②　しょう油、みりん、酒、ごま油をそれぞれ同量と、おろしたにんにく、しょうがを混ぜ合わせ、そこに①を漬け込みます。味をよくなじませるために、2時間ぐらい漬けます。

③　②に卵、片栗粉、小麦粉を加えて混ぜ合わせ、肉に柔らかい衣をつけます。

④　③を中温油で揚げます。

SUMMER

7月13日

（晴れ）

毎日食べる決心をして

なすの旬の季節となりました。

なすはハウス栽培で一年中作られるようになりましたが、旬は露地ものが出る七月から九月にかけて。へたが黒くてトゲがあり、全体に艶のあるものが良質です。とげは意外に鋭く、私も何回か刺してしまったことがあります。へたの取り扱いは要注意です。

今日は近くの商店街の八百屋さんで、艶やかでふっくらしたなすが一箱七百円で出ており、思わず買ってしまいました。

なす好きの私は毎日食べても飽きません。なんとか主人をごまかしつつ、この一箱を食べつくそうと思います。

それにはまず、このメニューから……。中華風の甘酢漬けです。

材料（4人分）
なす……3～4本
ごま油……約3カップ
酢……
しょう油……
砂糖……
適量
赤唐辛子……1～2本
白ごま……適量
長ねぎ……1/4本
赤唐辛子
酢
しょう油
砂糖
すりごま
甘ずっぱい漬け汁を作ります。
なすの切り方はお好みですが、厚さは5ミリぐらいが揚げやすく、味もしみやすいです。
今日は縦に切りました。
ごま油でなすを揚げます。
揚げたなすを漬け汁にしばらく漬けます。
ガラスの皿などに盛りつけると見ためも涼やか。
白髪ねぎ
なすをきれいに並べて

なすの甘酢漬け

■材料
なす、ごま油、酢、しょう油、砂糖、赤唐辛子、白ごま、長ねぎ

■作り方
①　酢、しょう油、砂糖に小口切りにした赤唐辛子とすりごまを合わせて漬け汁を作ります。
②　なすを5ミリぐらいの厚さに切ります。ごま油を熱し、切りたてのなすを揚げます。なすは切ってからしばらくするとアクが出てきて黒くなるので、すぐに揚げてしまいます。水につけてアクを抜く手もありますが、油で揚げることでアクが抜けるので、この場合は切ってすぐに調理します。
③　①の漬け汁に揚げて油をきったなすを漬け込み、冷やします。
④　白髪ねぎを作ります。
⑤　器になすを並べ、上に白髪ねぎをあしらいます。

SUMMER

7月14日

（晴れ）

あと残り十五本

朝食には昨日買ったなすを浅漬けにして、出しました。あと三列、計十五本が冷蔵庫に残っています。

おりよく主人の仕事仲間がお夕飯を食べに来る予定です。大いになすを食べてもらいましょう。

夏野菜のマリネサラダに、なすを使ってみました。

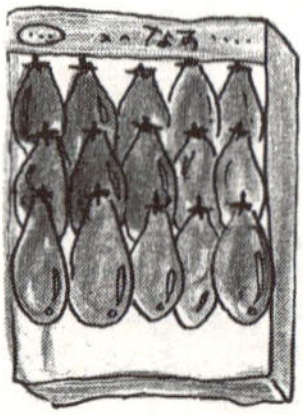

夏野菜のマリネサラダ

■材料

なす、トマト、セロリ、玉ねぎ、しその葉、フレンチドレッシング、バルサミコ、揚げ油

■作り方

① なすを適当な大きさに切り、油で素揚げします。トマトは種を取り除き、セロリは筋を取って、それぞれ適当な大きさに切ります。玉ねぎは薄くスライスして、水にさらしておきます。しその葉は千切りにします。

② 揚げたなすをフレンチドレッシングと合わせ、冷蔵庫で冷やします。そのほかの野菜も水気をきり、冷やします。

③ ②を合わせ、フレンチドレッシングとバルサミコを加えて味を調えます。バルサミコは香りづけ程度にほんの少し入れましょう。好みでドレッシングにすりおろしたにんにくを加えると、さらに香りとうまみが出ます。

材料(4人分)
なす……3〜4本
トマト……大1個
セロリ……1本
玉ねぎ……1/3個
しその葉…1束
フレンチドレッシング…適量
バルサミコ……少々
揚げ油……適量
イタリア料理によく使われる黒酢。最近はスーパーなどで、手に入れることができます。1本¥1,000〜。私は、サラダや牛肉のたたき、魚のマリネなどの風味づけに使っています。

SUMMER

7月15日

（晴れ）

それはハンバーグではなく

暑中見舞いの品を頼みにデパートへ。毎年夏は果物と決めており、今年は白桃を贈りました。

暑中の期間は土用の入りから立秋まで、これ以後の暑さは残暑になります。今の暦では七月二十日頃から八月七日頃にかけてが、暑中見舞いの時期。ものの本によるとこの習慣が庶民の生活に根づいたのは江戸時代からで、当時は素麺やスイカなどの涼を誘う品を手土産にして、訪問したのだそうです。今のようなはがきや贈り物による暑中見舞いは、大正時代からの習慣だとか。

大概ははがきで済ませる暑中の挨拶ですが、我が家では贈答品の集中する中元の時期を避け、この時期にお世話になった方々へ暑中見舞いの涼やかな品物を贈ることにしています。またお中元の山が片づいた頃に届く品物は印象に残るように思い、そこをねらっているというわけです。

夕飯は、牛ひき肉のステーキを作りました。

牛ひき肉のステーキ

■材料
牛ひき肉(赤身)、塩、こしょう、しょう油、ねぎ、油

■作り方
① まな板の上に牛ひき肉をおき、包丁を使ってステーキ肉のような形に整え、塩、こしょうをふります。
② 熱したフライパンに油を入れ、①を焼きます。まな板からフライパンに肉を移動させるときには、包丁やフライ返しなどを使うと、形が崩れずうまくいきます。
③ 両面を焼き、器に盛りつけます。残った油で斜め切りにしたねぎを炒め、しょう油で味をつけて肉の上にのせます。
＊塩、こしょうの代わりに梅肉としその葉を表面に塗って焼くと、一段とさっぱりいただけます。

こう読むと手抜きハンバーグではないかと思われる方があるかもしれませんが、これはハンバーグではありません。何の具も入っていませんし、練ることもしません。まったくのただのひき肉ですが、それが思いのほかうまいのです。さっぱりしていて、大人っぽい味。つけ合わせには、ししとうの油炒めなどいかがでしょうか。

包丁の面を
うまく使って
形を作ります。
肉とまな板の間に包丁や
フライかえしを滑り込ませ、
肉をフライパンに移します。
塩、こしょうの代わりに、
梅肉をたたいたものと、千切り
のしその葉を混ぜ合わせ、
肉の片面に塗って焼くと、
一段とさっぱりいただけます。

SUMMER

7月16日

(晴れ)

とろろ痒し

待ちに待った梅雨明けです。

チャッピーも、久しぶりにベランダに出て日向ぼっこ。

今日はこれからの本格的な暑さに負けぬよう、精のつくとろろいもの料理を作りました。

とろろは食べる際にあごや手につくと痒くなるので、小さい頃は苦手でした。大人になってからは食べ方も心得、いろいろな料理法も身につき、美味しさのほうが先にたち、痒くなる野菜のイメージがなくなりました。

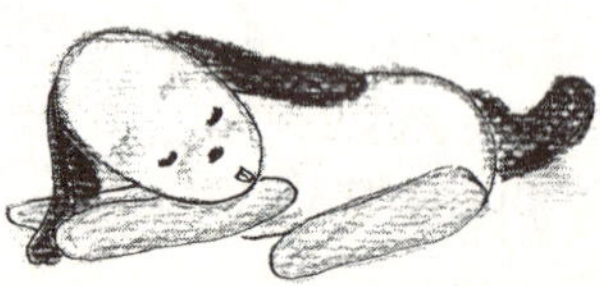

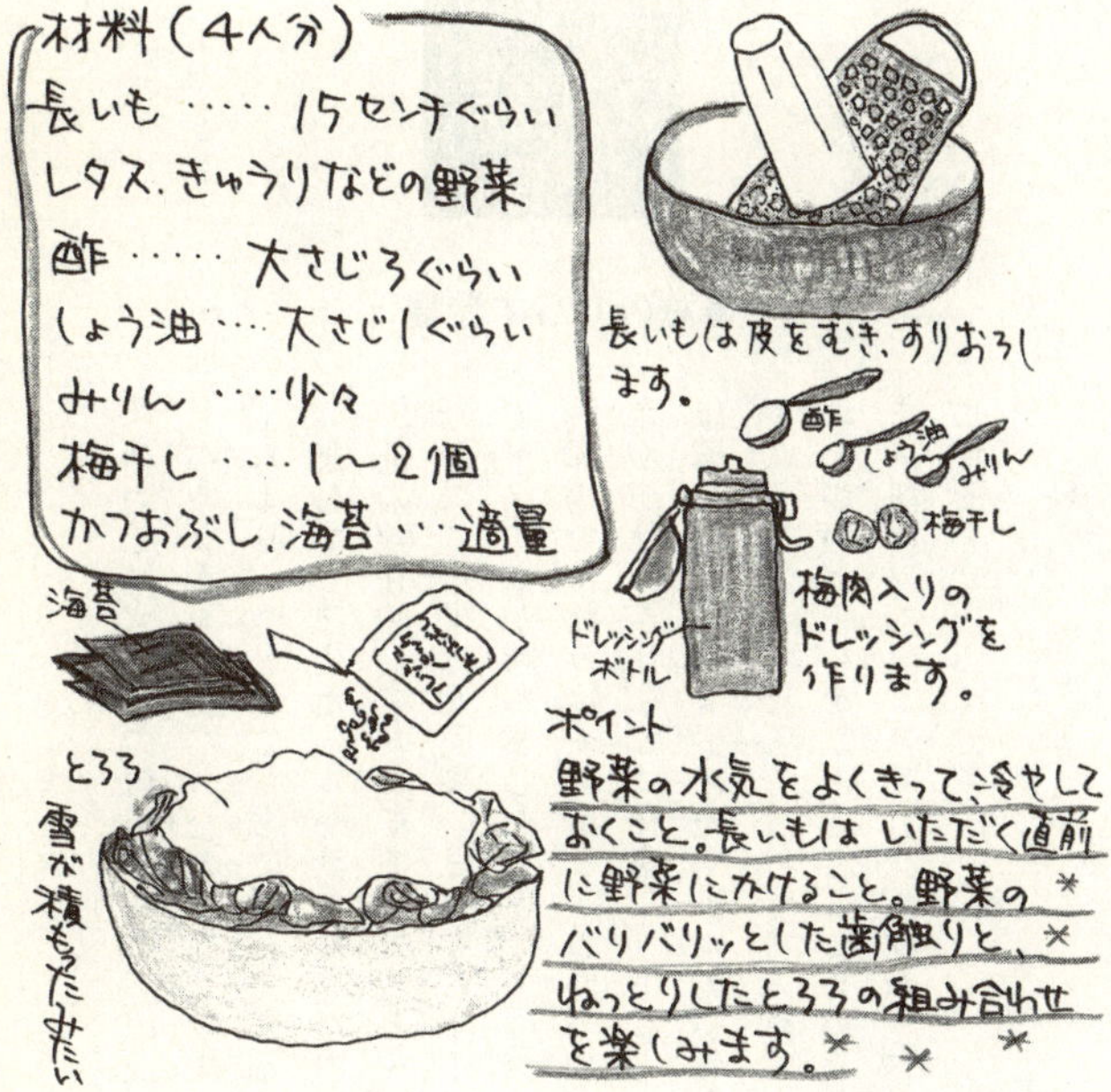
材料（4人分）
長いも……15センチぐらい
レタス、きゅうりなどの野菜
酢……大さじ3ぐらい
しょう油…大さじ1ぐらい
みりん……少々
梅干し……1〜2個
かつおぶし、海苔…適量
長いもは皮をむき、すりおろします。
酢
しょう油
みりん
梅干し
梅肉入りのドレッシングを作ります。
ドレッシングボトル
海苔
とろろ
雪が積もったみたい
ポイント
野菜の水気をよくきって、冷やしておくこと。長いもはいただく直前に野菜にかけること。野菜のパリパリッとした歯触りと、ねっとりしたとろろの組み合わせを楽しみます。

とろろサラダ

■材料
長いもまたは山いも、レタスなどの野菜いろいろ、しょう油、酢、みりん、梅干し、かつおぶし、海苔

■作り方
① 梅干しは種を取り除き、梅肉をたたいておきます。これにしょう油、酢、みりんを合わせ、ノンオイルの和風ドレッシングを作ります。
② 長いもは皮をむき、すりおろします。
③ 適当に切った野菜を器に盛りつけ、上からすりおろしたとろろをかけて、ドレッシングをかけます。かつおぶし、もみ海苔をちらします。

SUMMER

7月22日

（晴れ）

得意のしらす登場！

初めて神宮球場での野球観戦、広島×ヤクルト戦でした。バックネット裏だったのでファウルボールが結構飛んできて、ゲームよりいつ球がこちらに飛んで来るか、ずっとドキドキしてしまいました。そのボールが欲しかったのです。広島の熱狂的なファンである友人と一緒だったのに、結果は九回裏のさよならホームランでヤクルトが勝ちました。

球場では飲み物やお菓子、お弁当の売り子さんがひっきりなしに往来し、生ビールなどは樽を背中にしょって売り歩いているのを初めて見ました。そんな売り子さんが珍しくて、ついついビールを飲み過ぎてしまいました。家に戻り、今日の試合をスポーツニュースでもう一度振り返りながら、さっぱりとしらすご飯をいただきました。

しらす干しご飯

■材料
しらす干し、しその葉、白ごま、炊きたてのご飯

■作り方
① しその葉は千切りにします。できれば、ごまを軽く炒ります。
② 炊きたてのご飯にしらす干し、①を入れて、軽く混ぜ合わせて出来上がりです。
＊これにたくわんや梅干しを添えて冷たいお茶をかけていただく冷やし茶漬けも、おすすめです。しその葉の代わりに大根の葉を刻んで塩でもみ、しんなりしたら水洗いして、ご飯に混ぜてもよい味ですよ。

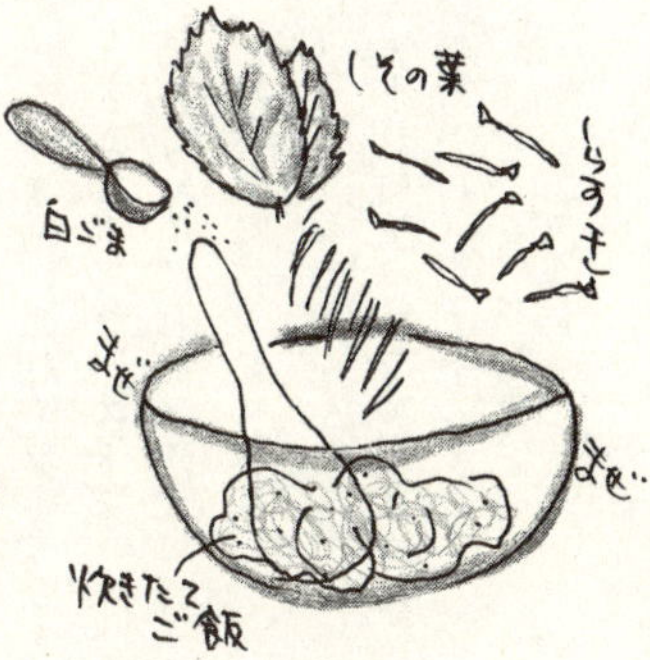

主人の夜食やお客様がいらしたときなどには
一口サイズの小さなおにぎりにして出します。
お酒と一緒にご飯を召し上がる方も多いので
このさっぱりしたご飯は
好評です。

SUMMER

7月24日

(晴れ)

一人で切り盛りするパーティメニュー
—エスニック編—

中学生の頃から仲良くしている女友達五人が、我が家に集合。夕飯にエスニック料理を用意し、おもてなししました。生春巻きが珍しかったようで、皆喜んでくれました。本日のメニューは、以下の通りです。

・ベトナム生まれの生春巻き
・さつま揚げの甘辛ソース
・トム ヤム クンスープ
・牛肉入り春雨サラダ
・豚ひき肉のレタス巻き
・グリーンカレー
・小倉白玉バニラアイス添え

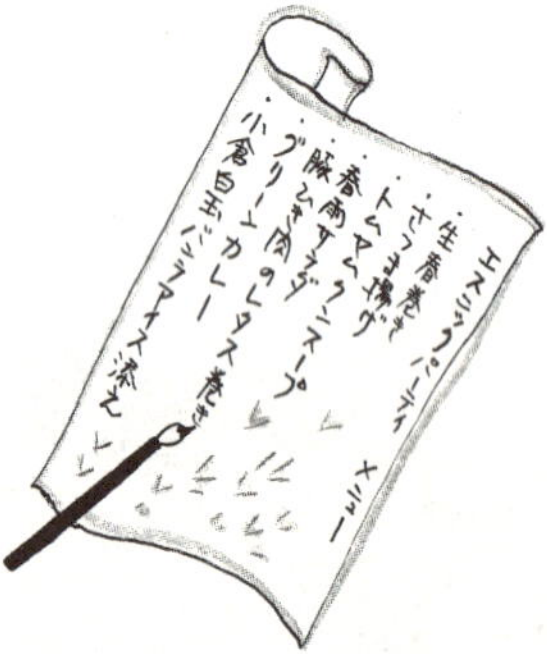

ベトナム生まれの生春巻き

■材料
生春巻きの皮、海老、春雨、きゅうり、しその葉、黄ニラ、アーモンドまたはマカデミアンナッツ、ナンプラー、レモン汁、砂糖、赤唐辛子

■作り方
① 春雨はゆで、5センチぐらいの長さに切っておきます。海老は殻をむき、背わたを取ってゆがき、縦半分に切ります。きゅうりは千切りにします。黄ニラは生のまま、粗く刻んでおきます。
② 砂糖を水に溶かします。ナンプラー大さじ1、レモン汁と水各大さじ1、砂糖小さじ2くらいの割合で合わせ、刻んだナッツと赤唐辛子を加えて、つけダレを作ります。
③ 生春巻きの皮は、水にさっとくぐらせるか、きりふきなどで湿らせてもどします。
④ ①の材料としその葉を包みます。皮はとても破れやすいので、取り扱いには十分気をつけます。具の種類が多いので、包んでみると結構太く、格好が悪く巻けてしまうことがあります。量を控えやや細めに巻いたほうが見た目もよく、食べやすいです。
⑤ ④を盛りつけ、②のタレを添えて、テーブルに出します。
＊冷蔵庫で冷やす場合には皮が乾かないよう、きっちりとラップをかけてください。

ライスペーパー
生春巻の皮
Rice paper
生春巻きの皮
大手スーパー、百貨店などで、
売っています。1袋¥500くらい。

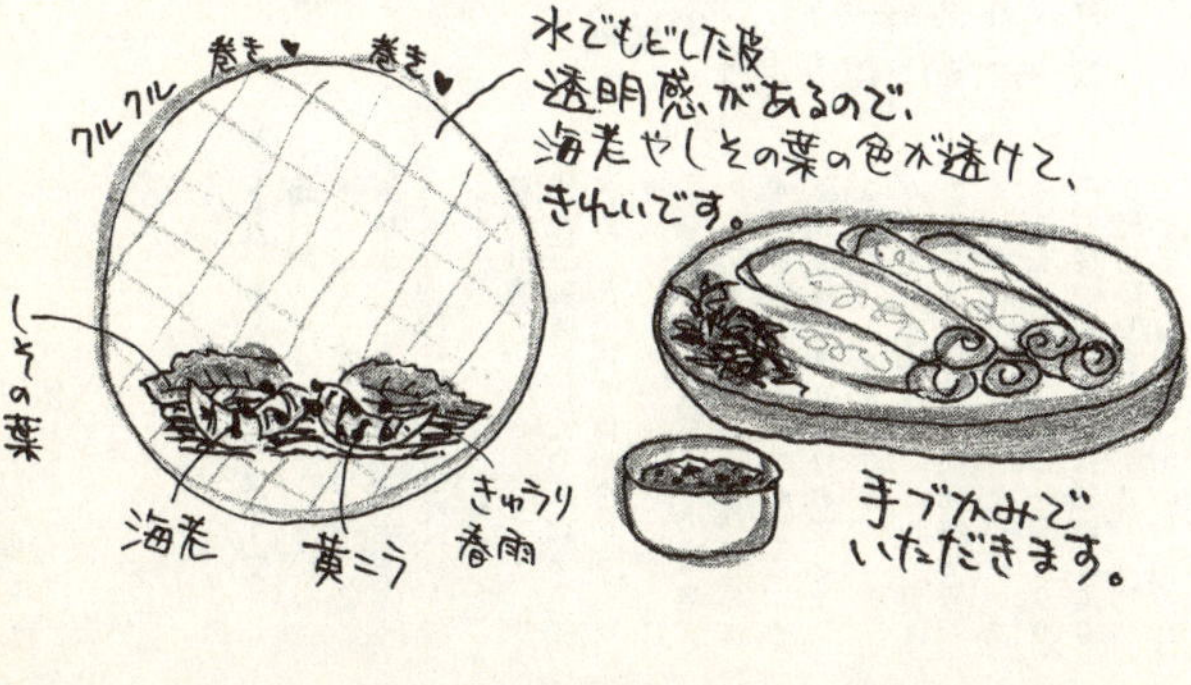
クルクル
巻き♥　巻き♥
水でもどした皮
透明感があるので、
海老やしその葉の色が透けて、
きれいです。
しその葉
海老
黄ニラ
きゅうり
春雨
手づかみで
いただきます。

さつま揚げの甘辛ソース

■材料
市販のさつま揚げ、タイのスウィートチリソース

■作り方
さつま揚げを一口大に切り、ラップをかけてレンジでチンします。熱いうちにチリソースをかけて、いただきます。

＊このチリソースは、エスニック料理の調味料を扱っているところなら、たいがい置いてあります。一本５００円前後です。

DIPPING FOR CHICK
鶏の絵のプリント
鶏肉のソテーや揚げ物に使ってもおいしそうです。

アツアツをタレにつけて。
すっぱくて辛い不思議な味。やみつきになります。

トム ヤム クンスープ

■材料
トム ヤム クンスープキューブ、玉ねぎ、にんじん、海老、ふくろ茸、香菜、ナンプラー、レモン

■作り方
① 玉ねぎ、にんじんはスライスし、ふくろ茸は半分に切ります。
② 湯に①と殻つきの海老、スープキューブを入れて煮ます。ナンプラーで味を調え、香菜をちらします。好みでレモンを絞っていただきます。

＊スープキューブ、ふくろ茸もエスニック料理の調味料を扱っているところなら、たいがいあります。キューブは一箱２００円前後、ふくろ茸は缶詰で４００円前後です。

牛肉入り春雨サラダ

■材料

牛ヒレ肉のかたまり、塩、こしょう、油、春雨、紫玉ねぎ、あさつき、香菜、ナンプラー、砂糖、レモン汁、赤唐辛子

■作り方

① 牛肉に塩、こしょうをして、手で肉をもむようにして、味をなじませます。

② 熱したフライパンに油を入れ、肉を焼きます。表面全体に焼き色がついたら、フタをして弱火にし、5分から10分蒸し焼きにします。火を止めて、そのままにしておきます。

③ 春雨をゆで、10センチくらいの長さに切ります。玉ねぎはスライスし、水にさらします。あさつきは小口切りにします。

④ ナンプラー、砂糖、レモン汁に小口切りにした赤唐辛子を加えて、合わせておきます。

⑤ ②をスライスし、③、④と合わせ、香菜をちらして出来上がりです。

材料（4〜6人分）
牛ヒレ肉……300グラム
塩、こしょう、油……適量
春雨……1袋
紫玉ねぎ……小1/2個
あさつき……3〜4本
香菜
ナンプラー
砂糖
適量
レモン汁……1個分ぐらい
赤唐辛子……1〜2本
ポイント
肉は焼いてからすぐ切ると、肉汁が出てしまうので、ホイルなどに包んで、しばらくおいてから、切ります。肉は市販の牛たたきローストビーフで代用してもいいですよ。
さっぱりしているので、私はどんぶり一杯ぐらい、ペロりと食べてしまいます。

豚ひき肉のレタス巻き

■材料

豚ひき肉、もやし、にんにく、油、ナンプラー、砂糖、中華だし、トウバンジャン、なす、きゅうり、にんじん、スペアミント、レタス

■作り方

① もやしのひげを取ります。なすは縦半分に切り、5ミリくらいの斜め切りにし、水につけておきます。にんにくはスライスします。

② 熱したフライパンに油を入れ、にんにく、豚ひき肉、もやしの順に炒めます。ナンプラー、砂糖、中華だし、トウバンジャンで味をつけ、汁気がなくなるまで、炒めます。

③ きゅうり、にんじんは、なすと同じように斜め切りにし、レタスは、一枚一枚葉をはがし、氷水につけてパリッとさせておきます。

④ 器に②を盛りつけ、別の器に水気をきった野菜とスペアミントを盛りつけます。レタスに肉と野菜、スペアミントを入れ、包んでいただきます。

材料（4〜6人分）

豚ひき肉……300グラム

もやし……1/2袋

にんにく……1片

油……少々

ナンプラー、砂糖、中華だし、トウバンジャン　適量

なす、きゅうり、にんじん、レタス、スペアミント

ポイント1

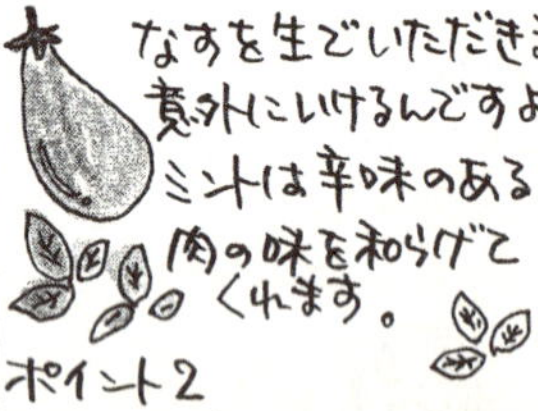

なすを生でいただきます。意外にいけるんですよ。ミントは辛味のある肉の味を和らげてくれます。

ポイント2

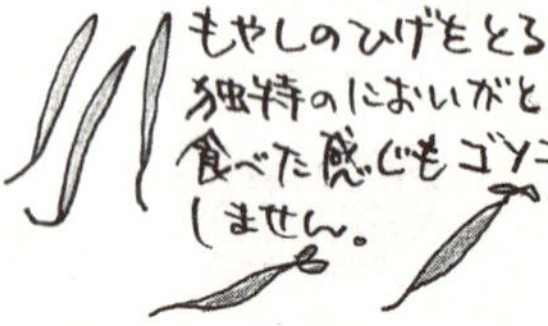

もやしのひげをとること。独特のにおいがとれ、食べた感じもゴソゴソしません。

グリーンカレー

■材料
グリーンカレーペースト、鶏肉、水煮たけのこ、なす、ふくろ茸、赤ピーマン、油、固形コンソメ、ココナツミルク、ナンプラー、ローリエ、砂糖、タイ米

■作り方
① タイ米を炊いておきます。
② 肉と野菜を適当な大きさに切ります。
③ 鍋に油を入れて、カレーペーストを炒め、油がなじんだら、鶏肉、たけのこ、なすを炒めます。水と固形コンソメ、ローリエを加えて、煮立たせます。アクを取り、ふくろ茸、ココナツミルク、ナンプラー、砂糖を入れて味をつけます。
④ 最後に赤ピーマンを加えて、一煮立ちさせて出来上がりです。
＊ご飯とカレーは別々の器に盛りつけます。辛味が強いので、カレーを好みの量かけながらいただきます。

あずきは缶詰を
使ってもOKです。
1缶￥250前後。
カレーペーストは
大手スーパー、百貨店
などで、1袋￥300くらい。
他にレッド、イエロー、
などのカレーがあります。
エスニックの最後は、
決まってあずきが食べたく
なる私なのです。
変ですね！

デザートはなぜか純和風、小倉白玉バニラアイス添え

■材料
煮あずき缶、白玉の粉、バニラアイスクリーム

■作り方
① 白玉の粉に水を加えて耳たぶくらいのかたさに練り、小さく丸めて、沸騰した湯に落とします。浮き上がってきたら水にとり、冷やします。
② 器に①と煮あずき、バニラアイスクリームを一緒に盛りつけます。

SUMMER

7月28日

（晴れ）

今年のみょうがはいかがなものか

から梅雨のお陰で、夏野菜の値段がだんだん高くなってきました。

今日もお漬物用のみょうがを買いに出かけると、一パック三百五十円もしてびっくり。お漬物が高くついてしまいました。

みょうがは熱帯アジア原産のしょうが科の多年草で、夏から秋にかけて咲く花の開く前に収穫します。我が家では、お漬物やお味噌汁によく使いますが、きゅうりなどと一緒に千切りしてサラダにしたり、てんぷらにしたり、刺身のつまなどに使ったり。

シャキシャキとした歯触り、さわやかな芳香と独特のホロ苦さを楽しむサラダは、いつも思わぬ好評を呼びます。

みょうがときゅうりの千切りサラダ

■材料
みょうが、きゅうり、レタス、かつおぶし、ぽん酢

■作り方
① 野菜をそれぞれ千切りにし、氷水につけてパリッとさせます。
② ①の水気をきり、かつおぶしとぽん酢をかけていただきます。

ぽん酢
いただく直前にぽん酢をかけます。
シャキシャキ
千切りサラダ

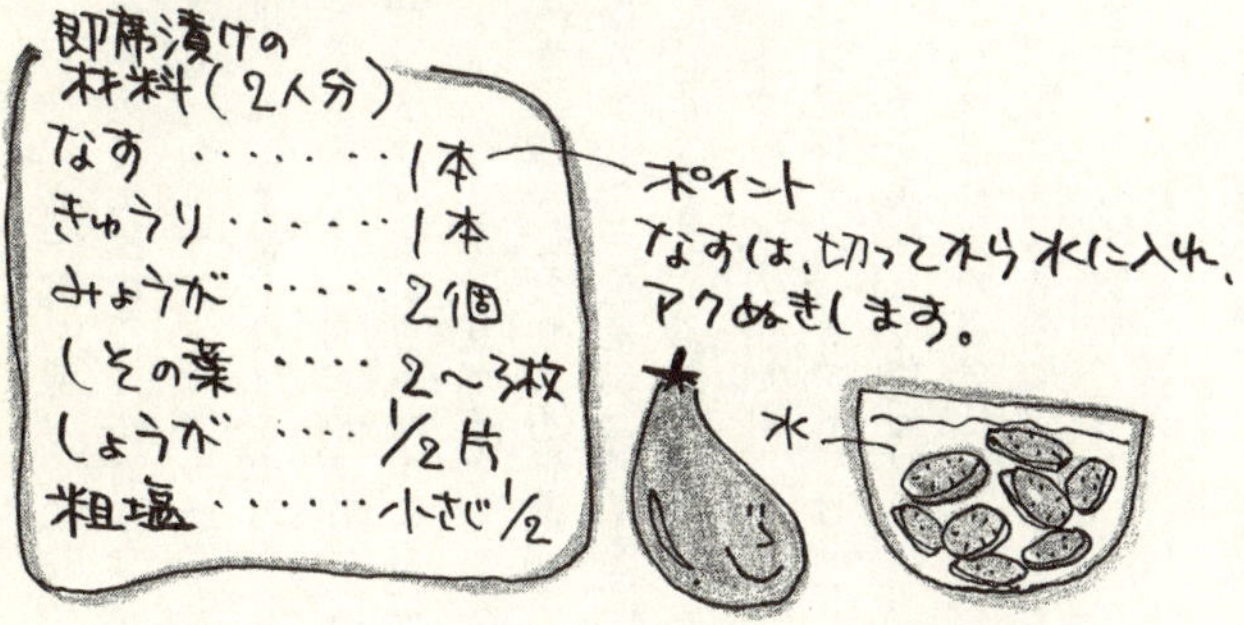
即席漬けの
材料（2人分）
なす……1本
きゅうり……1本
みょうが……2個
しその葉……2〜3枚
しょうが……1/2片
粗塩……小さじ1/2
ポイント
なすは、切ってから水に入れ、アクぬきします。
水

夏野菜の即席漬け

■材料
なす、きゅうり、みょうが、しその葉、しょうが、塩（粗塩）

■作り方
① なすは薄切りにし、水につけておきます。きゅうり、みょうがも薄切りにします。しその葉、しょうがは千切りにします。
② なすの水気をきり、きゅうり、みょうが、しその葉、しょうがと合わせて塩でもみます。しんなりしてきたら軽くしぼって出来上がりです。

即席漬け

SUMMER

8月1日

(晴れ)

サンドウィッチにはコツがあります

チャッピーと一緒に東調布公園のプールへ。

今年初めて太陽の下で水着になりました。太陽を浴びながら、一人でもしっかりサンドウィッチのお弁当を持参し、頬張りました。

子供の頃はサンドウィッチのお弁当だと、必ずおにぎりが食べたくなったものです。母に両方作ってもらっていたことを覚えています。サンドウィッチをおかずにおにぎりを食べ、おにぎりをおかずにサンドウィッチを食べるといった感じでした。大人になった今もその感覚は残っており、不思議です。今日もまた、おにぎりも食べたくなりました。遠足には砂糖を溶かした甘い麦茶も欠かせませんでした。紅茶感覚なんですね。今思うと気持ち悪い取り合わせでした。

サンドウィッチの王様は、何といってもB・L・Tサンドですね。ベーコン、レタス、トマトでB・L・T。B・L・Tに限らずサンドウィッチを美味しく作るコツは、野菜はシャキシャキと瑞々しいまま、パンは野菜の水分で湿ることなく、パンらしく維持させることです。野菜は水気をよく拭きとり、パンにはマーガリンなどで、油膜を作ってあげます。

大人のB・L・Tサンド

■材料

パン、ベーコン、レタス、トマト、玉ねぎ、ピクルス、和からし（マスタードでなく、あえて和からしにすると、味がぐっと引き締まります）、マヨネーズ、マーガリン、こしょう

■作り方

① ベーコンはこしょうをふって焼き、ペーパーの上で脂をきります。トマトは種を取り除き、スライスします。玉ねぎ、ピクルスもスライスします。

② パンにマーガリンを薄く塗り、和からし、マヨネーズを好みで塗ります。具をはさみ、最後に湿らせた布巾で包むのがポイント。作っているうちにパンが乾燥してしまうので、こうして生き返らせてあげるのです。

③ パンと具がなじんだら、切り分けます。

＊自宅で食べる場合には、パンをほんの軽くトーストすると、香ばしくて一段と美味しくなります。

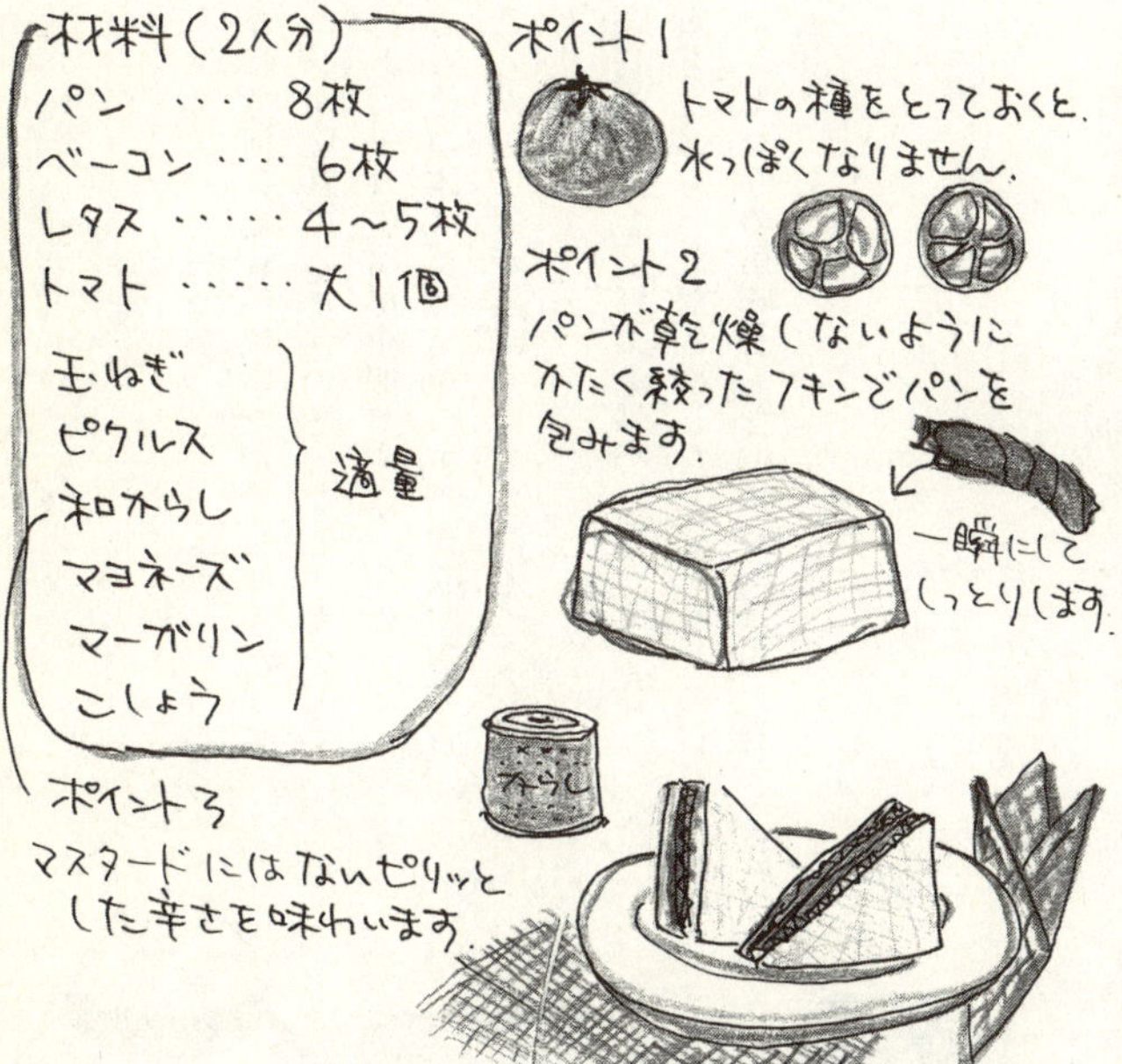
材料（2人分）
パン……8枚
ベーコン……6枚
レタス……4〜5枚
トマト……大1個
玉ねぎ
ピクルス
和からし
マヨネーズ
マーガリン
こしょう
適量
ポイント1
トマトの種をとっておくと、水っぽくなりません。
ポイント2
パンが乾燥しないようにかたく絞ったフキンでパンを包みます。
一瞬にしてしっとりします。
からし
ポイント3
マスタードにはないピリッとした辛さを味わいます。

SUMMER

8月2日

（晴れ）

夏を励ますセロリの風味とトマトの酸味

今日で何日夏日が続いたんでしょうか。エアコンが壊れてしまうのではないかと心配するほど、一日中冷房全開です。

でも私の体は夏バテ知らず。食欲が落ちるどころか、ご飯が美味しくて美味しくて仕方がありません。

今日も牛肉と夏野菜を炒めたおかずを作り、ご飯を三杯もいただきました。こんな日の料理に、セロリの風味とトマトの酸味は欠かせません。

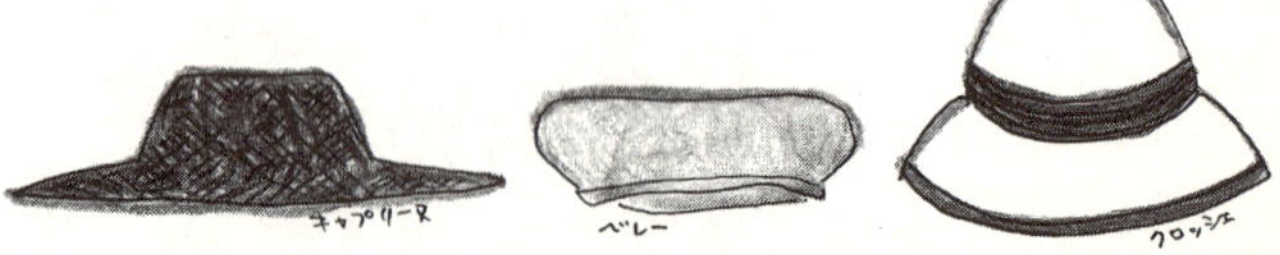

牛肉とトマト、セロリの葉の炒め煮

■材料
牛薄切り肉（手軽な切り落としをよく使います）、完熟トマト、セロリの葉、しょうが、にんにく、塩、こしょう、オイスターソース、しょう油、酒、砂糖、片栗粉、油

■作り方
① 肉は一口大に切ります。切り落としの場合は、そのまま使います。オイスターソース、しょう油、酒、砂糖で味をつけます。手でよくもむように味をなじませ、片栗粉を加えて軽く混ぜ合わせます。

② トマトは四つ切り、セロリは葉の部分を適当に刻んでおきます。セロリの茎の部分も半端に余っていたら、薄切りにして入れてしまいましょう。しょうが、にんにくはみじん切りにします。

③ 中華鍋をよく熱し、油を多めに入れます。まず、にんにく、しょうがを炒めます。香りが出てきたら肉を入れて炒めますが、すぐに肉をほぐそうとせずに、しばらく待って、肉のかたまりをひっくり返すようにして、これを1〜2度繰り返すと自然と固まっていた肉がほぐれてきます。そうしたら、トマトを手で軽くつぶしながら入れ、セロリの葉も加え、炒めます。塩、こしょうで味を調え仕上げます。

材料(4人分)
牛薄切り肉…400グラム
完熟トマト…大1個
セロリの葉…1束分
しょうが、にんにく…各1片
塩、こしょう…各少々
オイスターソース…大さじ1
しょう油、砂糖、酒
片栗粉……各大さじ1
油……大さじ2

ポイント1
肉にしっかりと味をつけます。
味見も肉が生でも牛なので、
ほんの少々食べて確めます。

ポイント2
トマトを手でつぶしながら、入れます。
そのほうが肉とよくなじみます。

SUMMER

8月3日

（晴れ）

夏の丼《どんぶり》　その1

とにかく暑い！

キッチンに立つのも、買い物に行くのも、汗水たらしてという言葉がまさにぴったりあてはまります。

私はこんな時にも全く元気なのですが、だからといって見た目にも暑そうな料理を作っては、食べてもらう相手に迷惑ですよね。

その点さっぱりした丼物は、作るのも食べるのもサササッといけてまったくよいです。涼しげなガラスの器で和え物やサラダを添えたり、軽く凍らせた日本手ぬぐいのおしぼりを丼の横に置いてみたり、暑い日のコーディネイトも忘れません。

主人は少々食欲が落ちてきたようなので、特にさっぱりとした納豆丼でも作って、まだまだ続きそうな暑さに備えましょうか。

そばちょこに冷たい
おしぼりを入れて

納豆丼

■材料

ひきわり納豆、たくわん、長ねぎ、海苔、かつおぶし、卵、炊きたてのご飯

■作り方

① 長ねぎはみじん切りにします。たくわんは千切りにします。

② 炊きたてのご飯に納豆、たくわん、長ねぎ、海苔、かつおぶしをのせ、最後に卵黄を落として出来上がりです。好みでしょう油、和からしをつけていただきます。

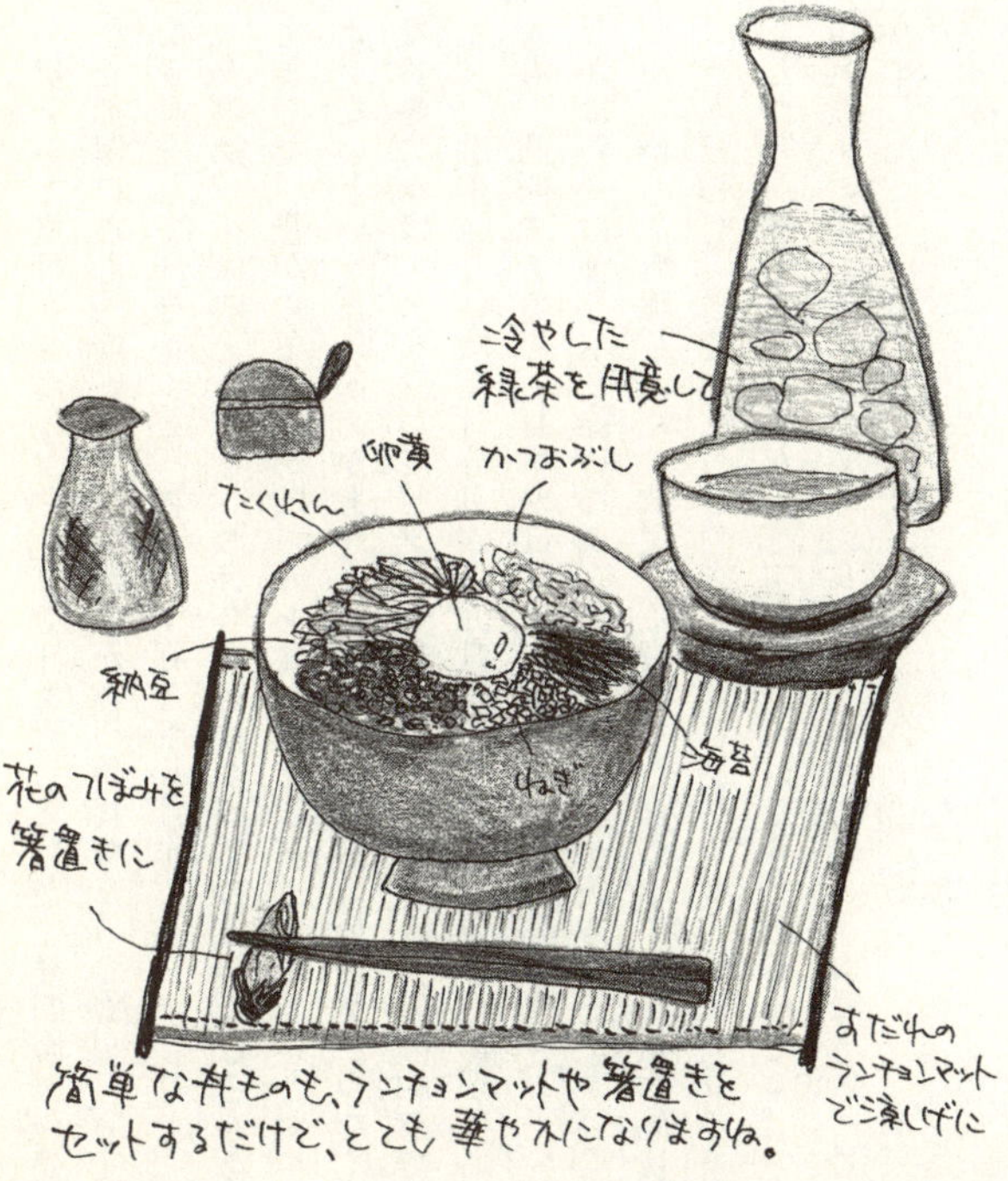
冷やした緑茶を用意して
卵黄
かつおぶし
たくわん
納豆
海苔
ねぎ
花のつぼみを箸置きに
すだれのランチョンマットで涼しげに
簡単な丼ものも、ランチョンマットや箸置きをセットするだけで、とても華やかになりますね。

SUMMER

8月5日

(晴れ)

かぼちゃの美味しい季節です

炎天下を避け、スポーツクラブで汗を流しました。昼間冷房の効いた部屋にこもっていると夜なかなか寝つかれないのですが、適度な運動をして汗をかくと、夜ぐっすりと眠れます。

夕飯は、豚肉のソテーと、つけ合わせにかぼちゃといんげんを添えました。昔から冬至にかぼちゃを食べると風邪をひかないとか、ボケないという言い伝えがありますが、これは緑黄色野菜が少なくなる冬にかぼちゃを食べてビタミン類を補おうという先人の知恵です。一番美味しい時期は五月から九月にかけて。緑色の西洋かぼちゃも、凸凹のある黒い日本かぼちゃも国産ものが出回ります。

かぼちゃは種を取り除いてから保存したほうが長持ちします。皮がかたいので料理しにくく敬遠する方が多い野菜ですが、私も最初はそうでした。当時は皮つきのまま料理したり、皮ごとレンジでチンしたり、蒸したりしてから、実をくりぬいたりしたものです。でも何度もかぼちゃに触れるうちに、かたい皮むきも苦にならなくなりました。

つけ合わせのかぼちゃといんげん

■材料
かぼちゃ、バター、生クリーム、塩、こしょう／いんげん、バター、塩、こしょう

■作り方
① かぼちゃは種を取り除き、適当な大きさに切ります。ラップをかけて、レンジでチンします。レンジの代わりにゆでても蒸してももちろん構いませんが、レンジははっきりいって便利ですね。熱いうちにつぶし、バター、生クリームを加えて、しっとり柔らかいペースト状になるくらいまでのばし、塩、こしょうで味をつけます。
② いんげんはかためにゆで、バターで炒めて、塩、こしょうで味を調えます。

バター
生クリーム
SP
かぼちゃ
かぼちゃが熱いうちにつぶして味をつけます。
生クリームの代わりにマヨネーズを混ぜ合わせてもおいしいですよ。
塩
いんげん
いんげんはゆですぎないように気をつけます。

SUMMER

8月6日

（晴れのち大雨）

カニとフルーツ、極上の味

夕方、待望の雨が降りました。雷の音が鳴り響き、窓際で稲妻の走る様を見ていると、窓がブルブルッと震えました。怖いもの見たさでしばらく窓に張りついていました。

お昼に、主人が北海道で買ってきてくれたカニを果物と一緒に和えて、サラダを作ってみました。

あるイタリアンレストランでいただいたオードブルにこのサラダがあったのですが、あまりにも量が少なくて物足りなかったことを思い出します。

果物は、皮の赤いメキシコマンゴーを使いました。かつてはレモン色の皮のフィリピンマンゴーが主流でしたが、メキシコ産のほうが甘みが強いせいでしょうか、最近はとても人気がありますね。さっぱりとしたカニにもこちらのほうが合うようです。レストランでいただいたときには、イチゴも入っていました。

材料（4～5人分）
カニ肉……120グラムくらい
マンゴー……1個
サラダ菜……適宜
レモン汁……少々
マヨネーズ，ケチャップ
………各大さじ2弱
メキシコ
マンゴー
マンゴーの種は、かたく平たい形をしています。
実は皮をむき、種に沿ってナイフを入れていきます。
種のまわりについた実はちょっとお行儀が悪いですが、しゃぶりついて食べることにしています。これがまた格別で…。

カニとフルーツのサラダ

■材料
カニ肉、マンゴー、サラダ菜、レモン汁、マヨネーズ、ケチャップ

■作り方
①カニは身をほぐし、マンゴーは適当な大きさに切っておきます。
②レモン汁、マヨネーズ、ケチャップを混ぜ合わせます。
③器にサラダ菜を敷き、①を盛りつけ、②のソースをかけます。

＊レストランで足りなかったとはいえ、意外にしつこくバクバク食べられるというものではありません。やはり、もう少しいただきたいと思うくらいの上品な量を盛りつけるのが、正解のようです。

SUMMER

8月8日
(晴れ)

とっておきのお留守番メニュー

今世紀最高のバレリーナといわれているシルビー・ギエムを観に、上野の東京文化会館で行われた世界バレエフェスティバルに出かけました。

彼女の演目は、情熱的なスペイン娘に扮して踊るドン・キホーテのグラン・パ・ドゥ・ドゥ。評判以上の踊りでした。指揮者のタクトが止まってしまうほどのバランスのテクニックには、拍手がやみませんでした。技術を越えた輝きがあり、胸が熱くなりました。相手役の男性も世界で活躍しているダンサーでしたが、彼のテクニックも消えてしまうほど、彼女には華がありました。

おこづかいがあれば何回も通って観たいものですが、S席二万五千円は、ちょっと高すぎます!

留守番の主人には、しゃぶしゃぶサラダを用意して出かけました。

しゃぶしゃぶサラダ

■材料

牛薄切り肉（しゃぶしゃぶ用、豚の薄切り肉でもいけますよ）、酒、きくらげ、きゅうり、トマト、レタス、サラダ菜、しょう油、酢、切りごま、長ねぎ、しょうが、にんにく

■作り方

① 乾燥きくらげの場合は、ぬるま湯でもどしてから、適当な大きさに切ります。きゅうり、トマト、レタスも適当な大きさに切ります。

② しょうが、にんにくはおろし、長ねぎはみじん切りにします。

③ しょう油、酢、切りごまに②を加え合わせ、冷やしておきます。

④ 氷水を用意します。湯に酒を加え、沸騰したら、いったん火を止めて、80℃くらいまで湯温を下げてから、肉を入れて霜降りします。肉がピンク色になったら、取り出し、氷水に落として冷やし、水気をきります。湯温が下がったら火にかけて調整します。

⑤ 器に①と④を盛りつけ、③のタレをかけていただきます。

＊グラグラ煮立った湯に肉を入れるとかたくなるので注意します。

ポイント
肉を氷水に落とし冷やしますが、すぐに引き上げます。水につけすぎると、うまみが逃げてしまいます。

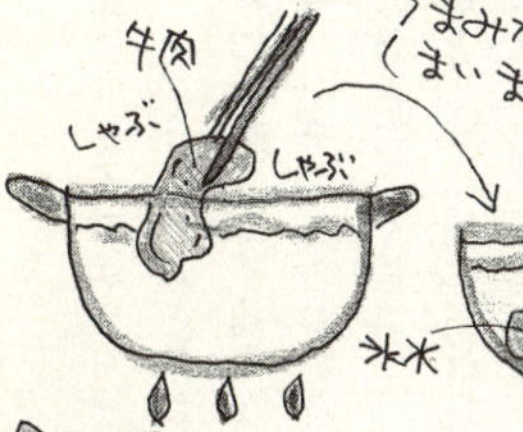

牛肉の代わりに豚肉を使ってもいいです。片栗粉をまぶしてから、ゆがくと 肉が乾かず、プリプリした歯触りになります。

染め付けの花器をワインクーラーとして使ってみました。

SUMMER

8月13日

（晴れ）

夏の丼《どんぶり》　その2

主人と一緒にドライブがてら三崎口に出かけ、帰り際に港近くの魚屋さんで、マグロとスズキのお刺身を買いました。

夕飯は、そのお刺身で、簡単な丼物を作りました。これは安いカジキマグロやハマチなどのお刺身でも美味しくいただけるので、家計がピンチのときによく景気づけに作る一品です。お寿司屋さんでマグロの赤身をしょう油に漬け込んでから握る「づけ」や、しょう油やみりん、ワサビなどで味をつけた鯛の刺身を贅沢にもお茶漬けでいただく「鯛茶漬け」のどちらも好きなので、私はその両方をアレンジしてみました。お刺身にあらかじめ味を染み込ませておき、丼ご飯に並べます。

知人の旅番組のスタッフの男性は旅館のお刺身にすっかり飽きてしまい、いつも夕飯の始まりにこれをしょう油と日本酒、ワサビに漬けておくのだそうです。宴会の最後に白飯にのせて、お茶をかけてサラサラッといただく。うまそうですね。

ごま風味の特製三崎丼

■材料

マグロの赤身や白身魚の刺身、白ごま、しょう油、みりん、おろしワサビ、すし飯、あさつき、海苔

■作り方

① ごまは軽く炒って、すり鉢ですります。鍋にみりんを入れ、火にかけ、アルコール分をとばしてからしょう油を加えて、すぐに火を消し、冷まします。

② 冷ましたタレにすりごま、おろしワサビを合わせ、お刺身を漬け込みます。

③ 丼に盛りつけたすし飯の上に②を並べ、小口切りにしたあさつきと海苔をちらして出来上がりです。

＊私はすし飯を用意しますが、炊きたての白飯に盛りつけてもちろん美味しいです。おつまみなら、3センチぐらいの長さに切ったあさつきを用意し、お刺身であさつきを巻くようにしていただきます。

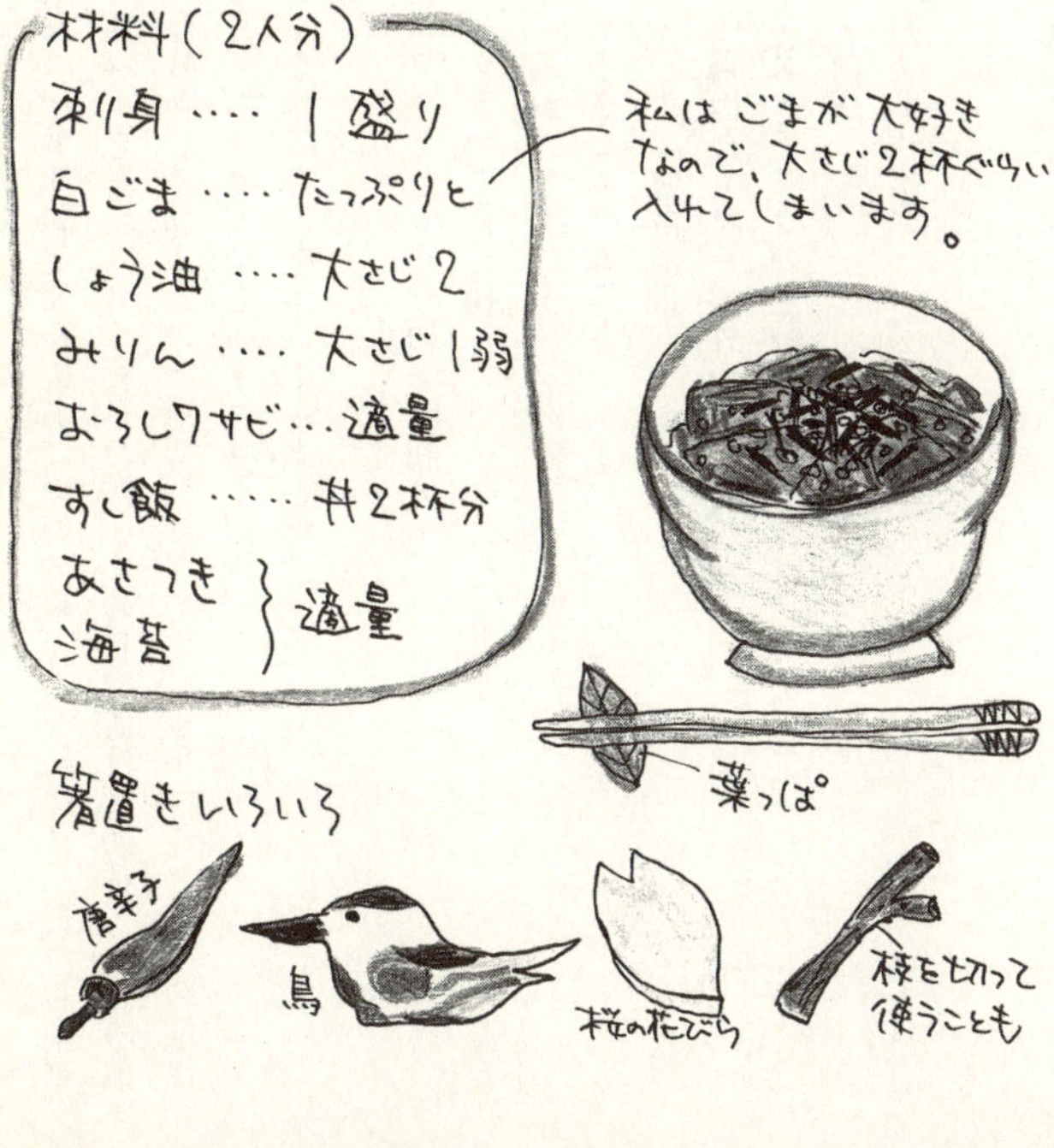
材料（2人分）
刺身……1盛り
白ごま……たっぷりと
しょう油……大さじ2
みりん……大さじ1弱
おろしワサビ…適量
すし飯……丼2杯分
あさつき
海苔
適量
私はごまが大好きなので、大さじ2杯ぐらい入れてしまいます。
葉っぱ
箸置きいろいろ
唐辛子
鳥
桜の花びら
枝を切って使うことも

SUMMER

8月15日
（晴れ）

「ジュッ」は演出です
パーティメニュー、中華編

主人の仕事仲間が大勢遊びにやって来ることになり、朝から中華のメニューを考えておりました。なすの甘酢漬け（90頁）などの他に、今日新しく加えたのは海鮮サラダです。テーブルの上での演出があり、ちょっと楽しいメニューです。

こんなお品書きを作ってみました。

・タコときゅうりの辛味和え
・クラゲの和え物
・海鮮サラダ　ジュッの巻
・小さなニラ春巻き
・なすの甘酢漬け
・鶏肉とセロリの炒め物
・スペアリブの豆鼓蒸し
・白飯
・ザーサイ

クラゲさえもどしておけば一、二時間ぐらいで出来てしまいます。

こうした場合いつも考えるのは、以下のようなことです。

①下ごしらえだけしっかりしておき、お客様がいらしてから、手早く調理すること。いつまでもグズグズとキッチンにこもっていては失礼になってしまう。調理の手早さを見ていだくのも演出の一つ。たまに白髪ねぎを切ったり、春巻きを包むのをお客様の前でさりげなく見せると、ポイントが上がります。

②人数が多少変わろうが、対応できる料理にする。

③相手の好き嫌いを何気なく聞いておく。

④ご飯または麺類を用意しておく。食のすすみ具合をみて、中間に出したり、最後に出したり、お客様のおなかの具合を観察し、主食を出すタイミングを図る。

⑤テーブルでサッと和えたり、包んだりするような動きのある料理を出し、目でも楽しんでもらう。

以上を頭においてお品書きを考えます。料理する時間よりメニューをあれこれ考えている時間のほうが、楽しく長いくらいです。

海鮮サラダ ジュッの巻

■材料

お刺身いろいろ、レタス、きゅうり、紫玉ねぎ、赤ピーマン、長ねぎ、香菜、ワンタンの皮、揚げ油、ごま味噌ダレ(すりごま、味噌、砂糖各大さじ1、酢大さじ2、しょう油、こしょう各少々の割合で)、ごま油

■作り方

① ワンタンの皮を細切りにし、油で揚げておきます。

② 野菜を全部千切りにし、氷水に入れてパリッとさせます。

③ ごま味噌ダレを作ります。

④ 冷やした器にお刺身と②の野菜を盛りつけ、上から①と香菜をちらします。

⑤ いただく直前にごま味噌ダレをかけます。テーブルにセットしてから熱したごま油をジュッとかけます。笑われてしまいそうですが、その瞬間に拍手されることが多く、なんだか楽しくなります。要するにこれは、料理する者のしたたかな演出なのです。

味のポイントは、揚げたワンタンの皮です。
パリパリっとした歯ごたえがアクセントになります。

ジュッ
ジュッ
テーブルで
熱いごま油を
かける演出と
ジュッという音を
楽しみます。
ごま味噌ダレ
ワンタンの皮の代わりに
ナッツの刻んだものを
入れても香ばしいです。
軽く混ぜ合わせていただきます。

手軽な
テーブルセッティング

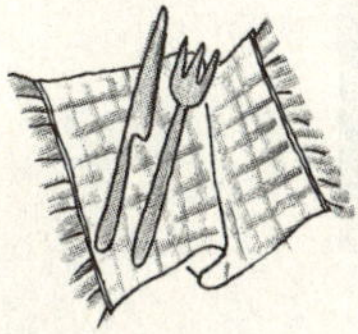

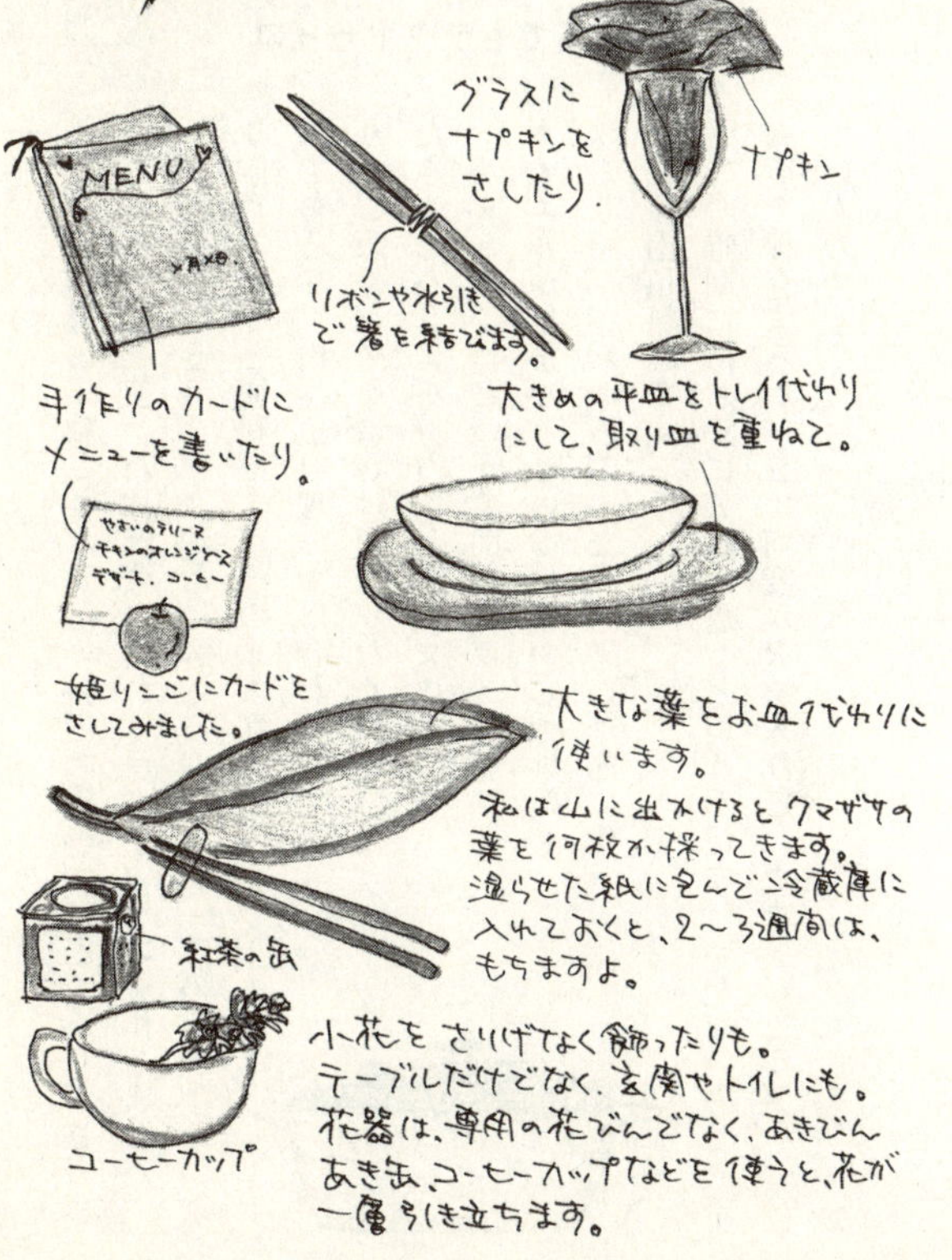
グラスに
ナプキンを
さしたり。
ナプキン
MENU
×月×日
リボンや水引きで箸を結びます。
手作りのカードに
メニューを書いたり。
やさいのテリーヌ
チキンのオレンジソース
デザート、コーヒー
姫りんごにカードを
さしてみました。
大きめの平皿をトレイ代わり
にして、取り皿を重ねて。
大きな葉をお皿代わりに
使います。
私は山に出かけるとクマザサの
葉を何枚か採ってきます。
湿らせた紙に包んで冷蔵庫に
入れておくと、2〜3週間は、
もちますよ。
紅茶の缶
小花をさりげなく飾ったりも。
テーブルだけでなく、玄関やトイレにも。
花器は、専用の花びんでなく、あきびん
あき缶、コーヒーカップなどを使うと、花が
一層引き立ちます。
コーヒーカップ

SUMMER

8月17日

（晴れ）

秋野菜でもラタトゥイユ

雑誌の秋号に掲載される煮込み料理の撮影が自宅であり、さつまいもやきのこを使った秋野菜の変わりラタトゥイユを作りました。

夏野菜で作るラタトゥイユはもちろんのこと、この料理はたっぷり作っておくと便利です。そのまま食べるのはもちろん、肉や魚料理のつけ合わせにしたり、ご飯やパスタにかけたり、たくさんいただき方のバリエーションがあります。

ラタトゥイユという名前はフランス語のトゥイエ＝かきまぜるという言葉からついたものらしく、いわゆるごった煮。暑い季節に作られる南仏料理です。

この時期にはお鍋に入れっ放しというわけにはいかないので、冷蔵庫で保存するか、日に何度か火を入れていたまないよう気をつけたいものです。

秋野菜の変わりラタトゥイユ

■材料

さつまいも、しめじ、しい茸、えのき茸、なす、赤ピーマン、黄ピーマン、緑ピーマン、おくら、長ねぎ、玉ねぎ、にんにく、ベーコン、水煮トマト缶、塩、こしょう、ローリエ、オリーブオイル

■作り方

①にんにくはスライスし、後の野菜は適当な大きさに切っておきます。ベーコンは細切りにしておきます。

②鍋にオリーブオイルとにんにくを入れ、火にかけます。香りが出てきたら、ベーコンを加えてさらに炒めます。

③②にまず、なすを入れて炒め、油が回ったら残りの野菜を全部入れ、軽く炒めます。

④水煮トマト缶をボウルにあけ、手でトマトをつぶします。

③に加え、塩、こしょう、ローリエを加えてフタをして煮込みます。

ポイント
水を入れないこと。
野菜から出る水分だけで
煮込みます。

材料（4〜6人分）
さつまいも……大1本
しめじ……1パック
しい茸……2〜3枚
えのき茸……1パック
なす……2〜3本
赤ピーマン、黄ピーマン……各大1個
緑ピーマン……2〜3個
おくら……1パック
長ねぎ……1本、玉ねぎ……1個
にんにく……大1片
ベーコン……3〜4枚
水煮トマト缶……1缶
塩、こしょう
ローリエ
オリーブオイル
｝適量

SUMMER

8月19日

（晴れ）

残り野菜をカレーに託す

先日の撮影のため買い込んだラタトゥイユの材料がたくさん残っており、この材料でキーマカレーを作ることにしました。

キーマカレーは具が細かいカレーのこと。

朝から野菜だけを先に煮込み、夕方味を入れることにしました。

味つけにはガラムマサラやターメリック、クミンやコリアンダー、チリなどスパイスが揃って入っている、本型のケースに入ったカレーブックという市販の調味料を使いました。

スパイスの調合もまた楽しいですが、カレーブックというのは、受験生にとってのアンチョコみたいなもので、時々これを使うとホッとします。私はそこにイチゴジャムで甘みをつけたりします。

それだけでも、オリジナルなカレーを作ることができますよ。

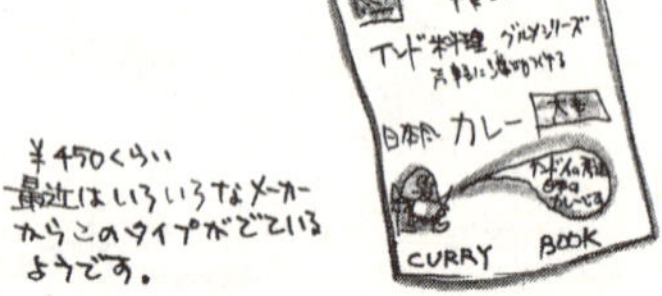
インド料理 グルメシリーズ
カレー
CURRY BOOK
¥450くらい
最近はいろいろなメーカーからこのタイプがでているようです。

材料　カレーブック1袋に対して
さつまいも……1本、しめじ……1/2パック
しいたけ……3枚、えのき……1袋
なす……2本、カラーピーマン……1個
おくら……3本、長ねぎ……1/2本
玉ねぎ……1個、にんにく……2かけ
牛ひき肉……150グラム
グツグツ
イチゴジャムを入れるところがポイントです。
夏にピッタリなトロピカルなカレーに仕上がりますよ。
このカレーにはピクルスを添えて。
ご飯の上にレーズンやフライドオニオンをちらします。

カレーブックとイチゴジャムで作る秋野菜のキーマカレー

■材料

さつまいも、しめじ、しい茸、えのき茸、なす、ピーマン、おくら、長ねぎ、玉ねぎ、にんにく、バター、油、牛ひき肉、カレーブック、塩、こしょう、しょう油、イチゴジャム

■作り方

① にんにく以外の野菜はやや細かく切り、油で軽く炒めて、水を加えて煮込みます。

② にんにくをスライスします。熱したフライパンにバターと油を入れて、にんにく、牛ひき肉を炒めます。肉がぽろぽろになってきたら、カレーブックのスパイスを加えてさらに炒め、香りを出します。

③ ②と①を合わせて、塩、こしょうで味をつけ、イチゴジャムを加えて煮込みます。

④ 隠し味にしょう油を加えます。

SUMMER

8月20日

(晴れ)

ビールのお供のタコな奴

久しぶりに近くにある洗足池図書館へ。料理の仕事をするようになってから、野菜や魚のことを調べるのに出かけるようになりました。今は夏休みとあって、涼しい図書館で宿題をしようという小中学生でいっぱいでした。私も子供の頃夏休みも終わりに近づくと、ここで必死に宿題を仕上げたことを思い出しました。あんまりしんと静まり返っていて、逆に緊張して、勉強は進まなかった覚えがあります。

家に戻ってからは調べ物をノートに写しながら、主人もいないので、一人ビールをいただいてしまいました。

私のお料理ノートは三種類あり、一冊はレシピをメモし、一冊は食材や料理の歴史などを知るつど記事の切抜きを貼ったり、書き入れているもの、もう一冊はレストランに関するノートです。最近、レシピはワープロに打ち込み、フロッピーで保存するようになりました。こんな作業をするのはもっぱら一人のとき。机の上にはチャッピーが乗っています。

ビールのおつまみにタコとアボカドのマリネサラダを作りました。

ぴりりと辛いタコとアボカドのマリネサラダ

■材料
ゆでタコ、アボカド、玉ねぎ、赤ピーマン、プチトマト、紫キャベツ、チコリ、ライム、塩、こしょう、オリーブオイル、タバスコ

■作り方
①タコとアボカドは一口大に切り、塩、こしょう、ライムの絞り汁を加えて、からめておきます。
②プチトマトは湯むきし、塩、こしょう、ライムの絞り汁をからめておきます。
③玉ねぎはスライスし、塩で軽くもんで水にさらしておきます。紫キャベツ、チコリ、赤ピーマンは一口大に切り、塩、こしょうで軽く味をつけます。
④①、②、③それぞれを冷蔵庫で冷やし、いただく直前にオリーブオイルとタバスコを加えて混ぜ合わせます。

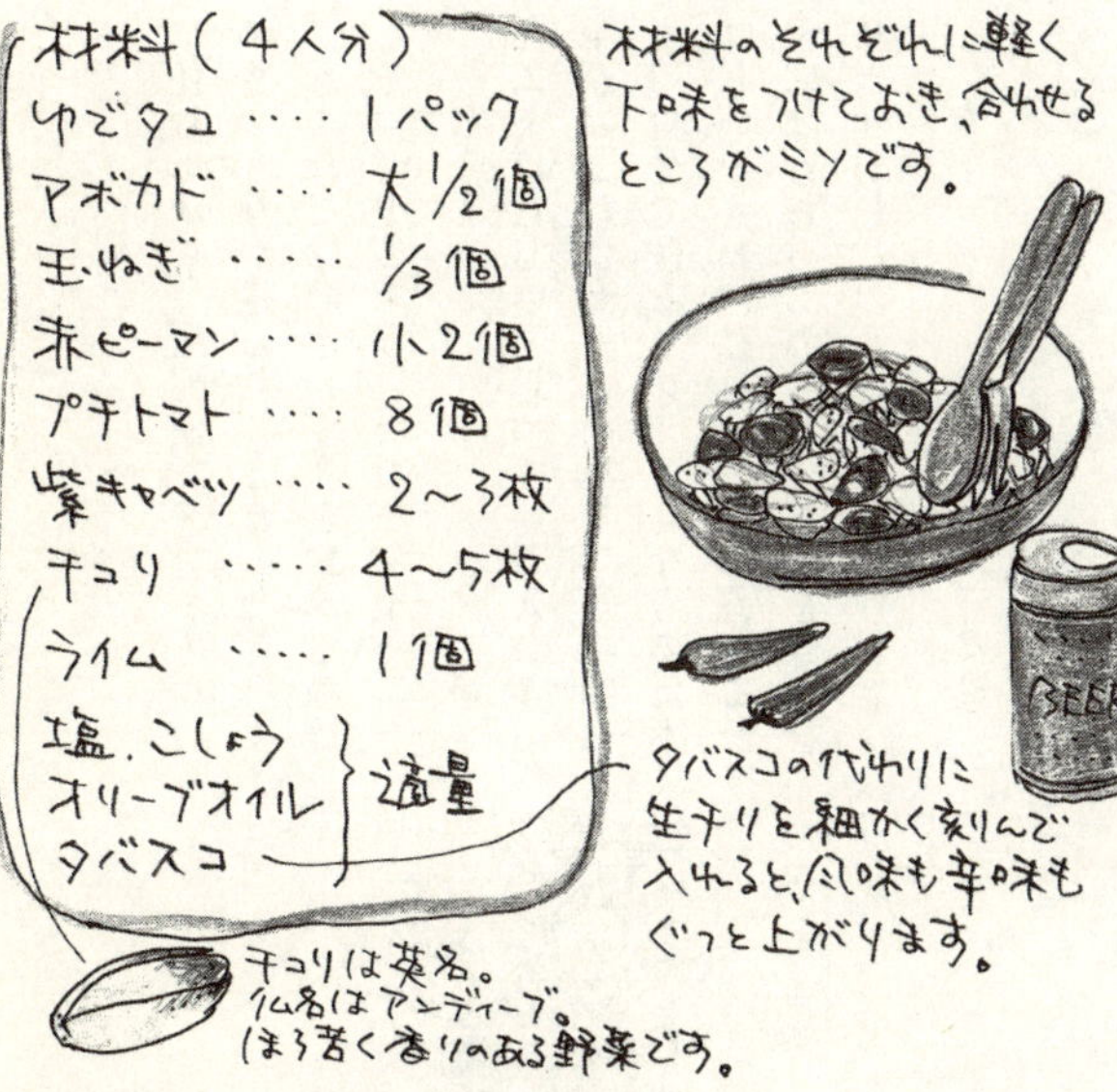
材料（4人分）
ゆでタコ……1パック
アボカド……大1/2個
玉ねぎ……1/3個
赤ピーマン……小2個
プチトマト……8個
紫キャベツ……2〜3枚
チコリ……4〜5枚
ライム……1個
塩、こしょう
オリーブオイル
タバスコ
適量
材料のそれぞれに軽く下味をつけておき、合わせるところがミソです。
BEER
タバスコの代わりに生チリを細かく刻んで入れると、風味も辛味もぐっと上がります。
チコリは英名。仏名はアンディーブ。ほろ苦く香りのある野菜です。

SUMMER

8月21日

（晴れ）

今度はきゅうりが一箱ドーン

長野に住む母から、宅配便でダンボールいっぱいのきゅうりが送られてきました。いくらなんでもこれだけのきゅうりを食べるのはたいへんです。そこで考えたのがオイキムチでした。

オイキムチは難しいと思っている人が多いようですが、これは意外と簡単で、短時間にできます。自分で作るフレッシュなものは本当に美味しいですね。私は、お酒の肴、ご飯のおかずにはもちろんのこと、お茶を飲みながらボリボリかじるのも好きです。

簡単オイキムチ

■材料

きゅうり、にんじん、大根、しその葉、にんにく、しょうが、リンゴまたは梨、だし汁、塩、赤唐辛子

■作り方

① きゅうりは7～8センチの長さに切り、縦に切り込みを入れます。海水に近いきつめの塩水を作り、きゅうりを漬けます。

② 大根、にんじんは千切りにし、塩で軽くもんでおきます。しその葉、にんにく、しょうがも千切りにします。

③ だし汁に塩を加えて冷ましておきます。冷めたところに小口切りにした赤唐辛子、にんにく、しょうが、すりおろしたリンゴを入れて漬け汁を作ります。

④ 大根とにんじんは洗ってから軽く絞り、しその葉と混ぜ合わせます。

⑤ きゅうりがややしんなりしたら、塩水から取り出し、切れ目に④をはさみます。

⑥ ⑤を③の漬け汁に漬け込み、2時間冷蔵庫で冷やします。

＊これは、塩味をつけただし汁に野菜を漬け込む浅漬けのレシピを、アレンジしたもの。焼肉屋さんで必ず注文するオイキムチをなんとか自宅でも食べたくて、あれこれ考えて作ってみました。

材料（4～6人分）

きゅうり……6本

にんじん……小1本

大根……10センチくらい

しその葉……1束

にんにく、しょうが…大きめのもの各1片

リンゴ……1個

だし汁……10カップ弱

塩……適量

赤唐辛子…2～3本

もっと辛いのがお好みの方は粉の一味を入れるといいと思いますよ。

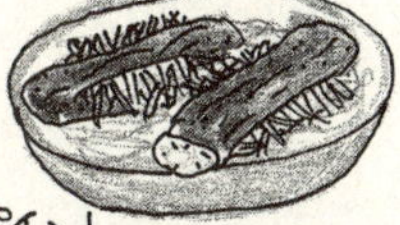

ポイント
材料をそれぞれ塩でしんなりさせてから、塩味のついただし汁にさらに漬け込むことでしょうか。

秋

AUTUMN

9月1日

（晴れ）

魚屋さんはたのし

魚屋さんのガラスケースに、イトヨリダイが並んでいました。全体に薄く桃色に輝いており、中央には一本黄色い線が光っている魚です。あまりに綺麗なので、小振りのものを二尾買い、オリーブオイルをかけて、丸ごとオーブンで焼きました。

イトヨリはスズキの仲間で、白身の淡泊な味。ローズマリーやタイムなどのハーブと一緒に焼いて香りをつけたり、バルサミコで味をつけサラダ仕立てにしたり、いろいろと楽しめる素材です。

今日は濃いめに塩味をつけ、たっぷりレモンを絞っていただきました。一匹丸ごと焼きますから、豪快で見栄えもいいので、お客様がいらしたときにも作ります。味をつけて、オーブンに放り込めば出来てしまう超簡単料理には、見えないところもよいですね。

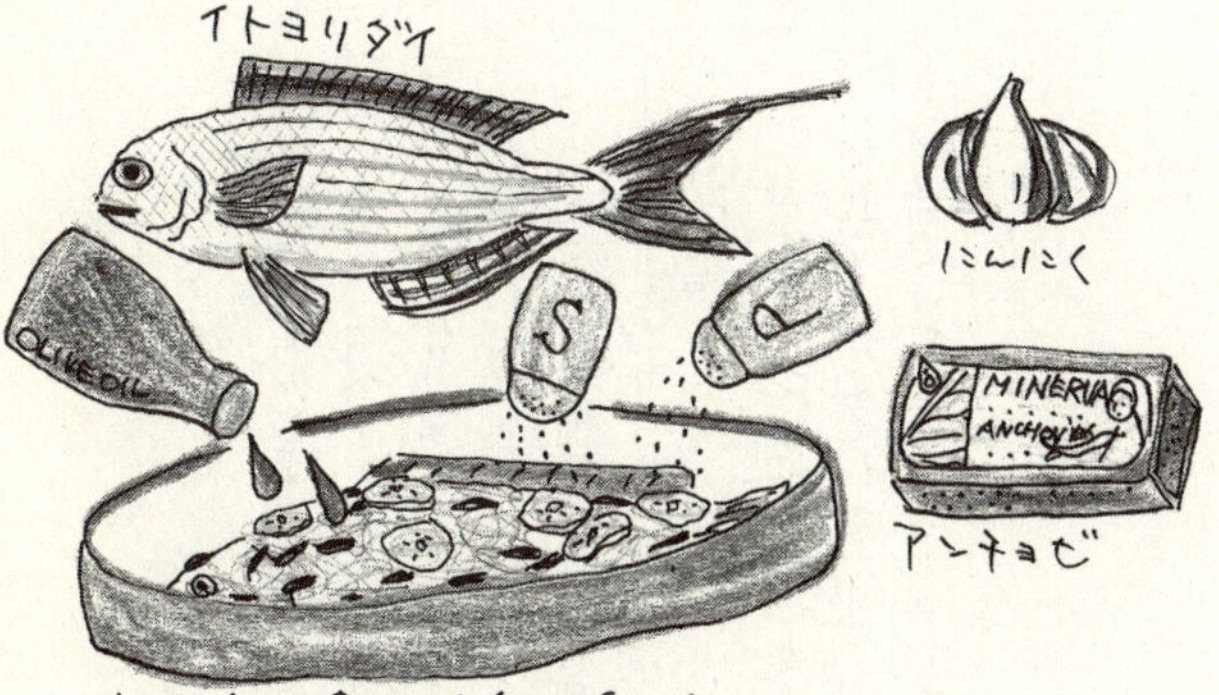

ポイントは魚の水気を紙ナプキンなどでよくふきとることです。おなかの中も忘れずにふきます。

白身魚のオーブン焼き

■材料
白身魚（今日はイトヨリを使いました）、塩、こしょう、アンチョビ、にんにく、オリーブオイル、レモン、パセリ

■作り方
① イトヨリは鱗とはらわたを取り除き、よく水気をふき取って塩、こしょうで味をつけます。
② にんにくはスライス、アンチョビは軽くたたいておきます。
③ オーブンを温めておきます。耐熱皿に①をのせ、その上に②をちらし、オリーブオイルをたっぷりかけて、オーブンに入れます。小振りのもので、約200℃で15分から20分ぐらい。魚の大きさにもよります。
④ 刻みパセリをちらして、耐熱皿のままテーブルに。焼きたてにレモンを絞っていただきます。

AUTUMN

9月5日

(曇り)

オオー、ガスパチョ!

冷蔵庫の中に少しずつ残っている野菜を片づけるのに、スペイン生まれの冷たいスープ、ガスパチョを作りました。

これは、ただミキサーに野菜を放り込むだけで出来てしまう簡単料理。料理よりミキサーをセットしたり、片づけるほうに時間がかかるくらいです。

パンが入るのでボリュームがあり、食欲のない朝食などによくいただきます。野菜ジュース感覚でいただけるスープです。

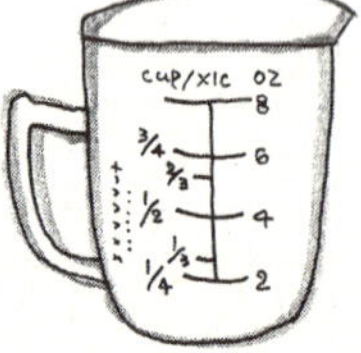

ガスパチョ

■材料

トマト、きゅうり、ピーマン、玉ねぎ、にんにく、パン（フランスパンでも食パンでも、パン粉でも構いません）、塩、こしょう、砂糖、ワインビネガー、レモン汁、オリーブオイル、パセリ、タバスコ

■作り方

①ミキサーを用意します。野菜とパンを適当な大きさに切り、ミキサーの容器に入れます。野菜の二分の一くらいまで水を入れ、塩、こしょうと隠し味に砂糖を少々加えてスイッチを入れます。

②ワインビネガーとレモン汁、オリーブオイルを加えて軽くかくはんし、味を調え冷やします。

③スープを盛りつけ、刻みパセリを飾ります。好みでタバスコを入れてください。

＊スープと細めのパスタを和えてサラダ風にしたり、軽くトーストしたパンを浮かべたりしていただくこともあります。

材料（4人分）

トマト……大2個
きゅうり……1本
ピーマン……2個
玉ねぎ……1/3個
にんにく……小1片
パン……1枚
塩、こしょう、砂糖…適量
ワインビネガー、レモン汁　各小さじ1〜2
オリーブオイル、パセリ、タバスコ　適量
水……野菜の1/2強

水の量は、お好みです。私はドロリとした重量感のあるスープが好きなので、水を少なめにしています。

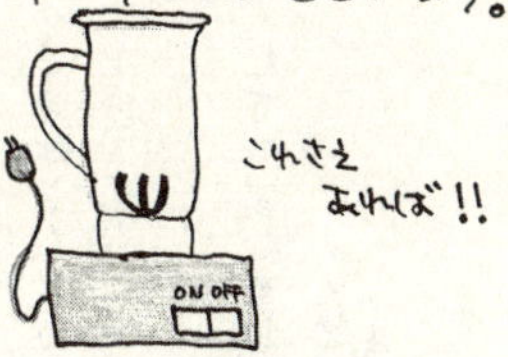
ON OFF
これさえあれば!!

スープを冷やす時間がないときには、氷を浮かべて盛りつけます。

AUTUMN

9月10日

(晴れ)

かき揚げは冷めてもヨーシ

パリに住む友人が仕事で東京に来ているというので、宿泊先の品川のホテルを訪ねました。夕飯になにか用意しようと考えた末、かき揚げ弁当に決めました。和食が食べたいでしょうし、なかでもてんぷらは彼女の好物だったはずなのです。パリを旅したときにはいろいろ案内してもらった分、私も腕によりをかけました。

赤だしもポットに入れて持参しました。

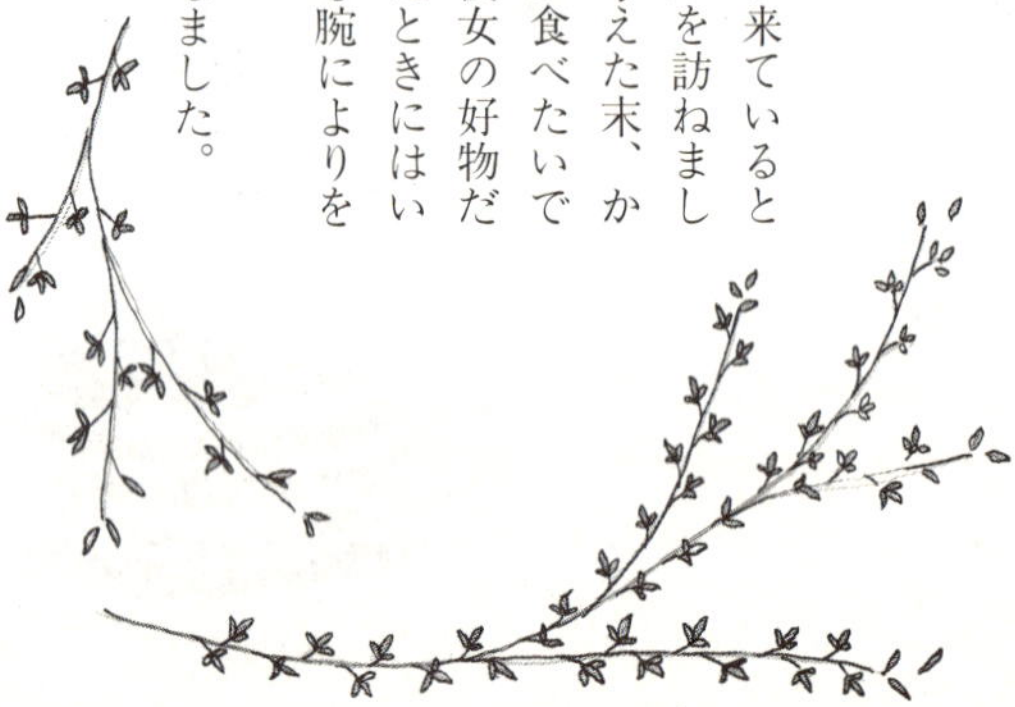

かき揚げ弁当

■材料
小海老、小柱、玉ねぎ、いんげん、三つ葉、塩、小麦粉、卵、揚げ油、だし汁、しょう油、みりん、ご飯

■作り方
① だし汁にしょう油、みりんをだし汁4に対して各1の割合で合わせて、濃いめの天つゆを作ります。
② 玉ねぎはスライスし、いんげんは1〜2センチの小口切りにします。三つ葉は2〜3センチの長さに切っておきます。それぞれペーパータオルなどで水気をよくふき取っておきます。
③ 小麦粉に卵とひとつまみの塩、冷水を加え、軽く混ぜ合わせ、衣を作ります。
④ ボウルに小海老と小柱、②を入れ、小麦粉少々をまぶしてから、③の衣とさっくりと混ぜます。
⑤ 揚げ油を熱し、衣を落としていったん底に衣が沈みジュワッと上がるくらいの温度で、④を揚げていきます。スプーンを使って一口大ぐらいにまとめ、静かに油に落としていきます。一度にたくさん揚げると油の温度が下がってしまうので、2〜3個ずつ揚げましょう。
⑥ 揚げたてのかき揚げを①の天つゆにくぐらせ、ご飯にのせます。

＊お弁当箱にかき揚げご飯を詰めて、甘い卵焼きや漬物を添えます。我が家では残ったてんぷらは甘く煮つけます。天つゆに砂糖を加えて少し甘めのタレを作り、このタレでてんぷらをサッと煮ます。

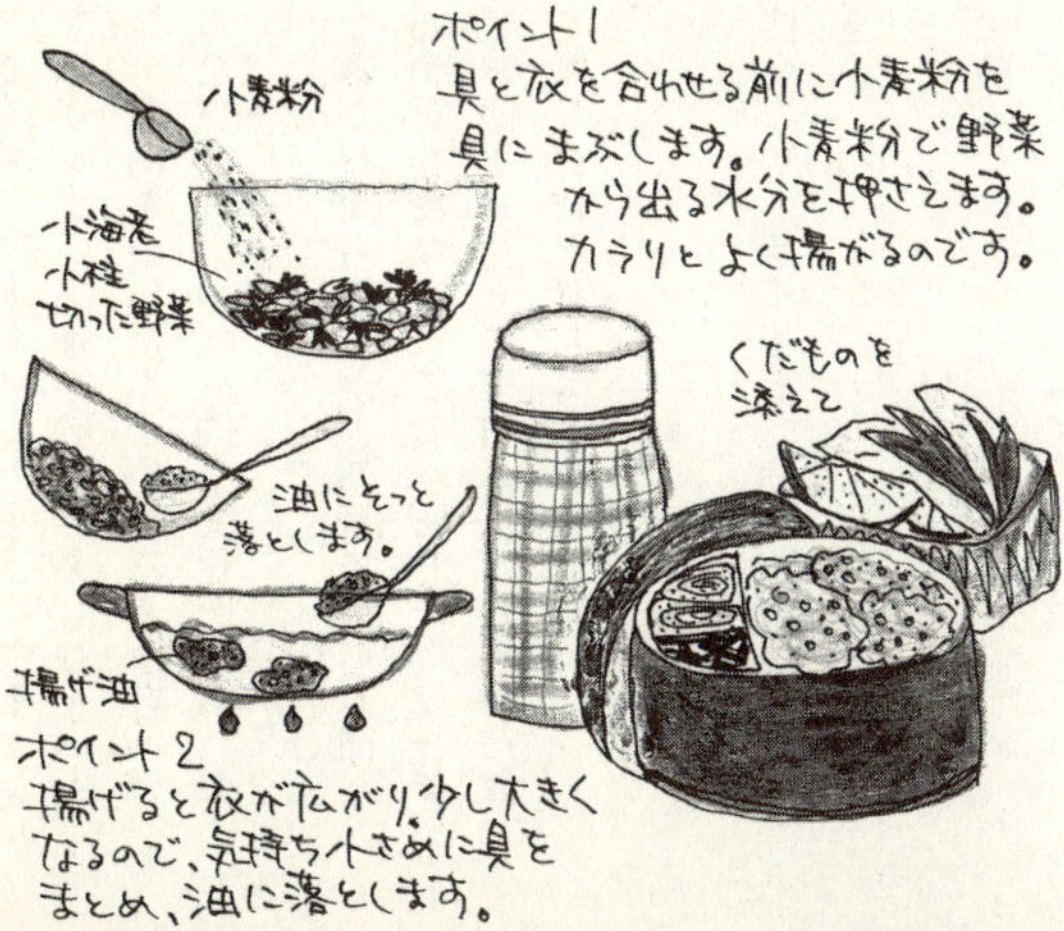
ポイント1
具と衣を合わせる前に小麦粉を具にまぶします。小麦粉で野菜から出る水分を押さえます。カラリとよく揚がるのです。
小麦粉
小海老
小柱
切った野菜
油にそっと落とします。
揚げ油
くだものを添えて
ポイント2
揚げると衣が広がり、少し大きくなるので、気持ち小さめに具をまとめ、油に落とします。

AUTUMN

9月15日

(曇り)

お月見は、はりきりますぞ

お月見。秋らしく籠にすすきを飾り、宴料理には奮発して秋の味覚を用意しました。我が家では、美しい満月を眺めて楽しむというよりは、それにかこつけて旨いお酒をいただくというほうが合っているような気がします。そのたびに日本の伝統的な文化をしみじみと愛しく思います。

私が子供の頃はこの日になると朝から祖母が上新粉で丸いお団子を作ってくれ、砂糖しょう油や黄な粉につけて食べました。父はすすきと女郎花《おみなえし》を縁側に飾り、お団子に見立てて積み上げた衣かつぎ、スズキのお刺身を肴に月見を楽しんだと話しておりました。

我が家のお月見献立

・酒肴三種　ゆで小芋、枝豆のザーサイ和え、黄身の味噌漬け
・松茸とトコブシの網焼き
・揚げしんじょう
・しそご飯　・冬瓜のくず椀
・イチジクのコンポート

黄身の味噌漬け

■材料
卵、白味噌、ガーゼ

■作り方
① 半熟卵を作ります。
② 黄身を崩さないよう取り出し、ガーゼに包みます。
③ ②を白味噌にやさしく埋め込み、半日から一日漬けます。

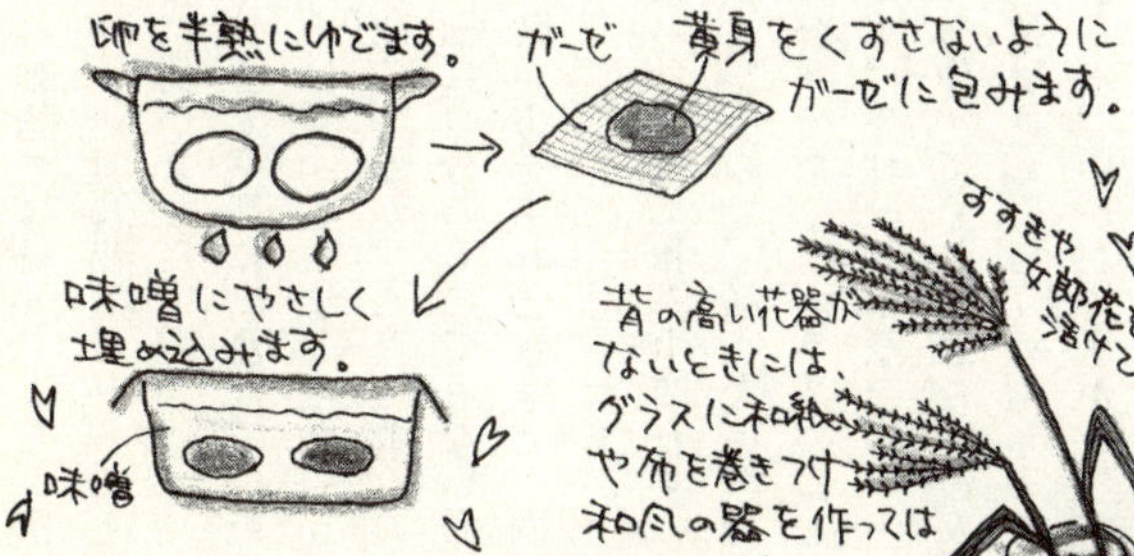

卵を半熟にゆでます。
ガーゼ
黄身をくずさないように
ガーゼに包みます。
味噌にやさしく
埋め込みます。
味噌

すすきや
女郎花を
活けて。
背の高い花器が
ないときには、
グラスに和紙
や布を巻きつけ
和風の器を作っては
いかがですか。
和紙や布
グラス

松茸
トコブシ
すだちをたっぷり絞って。

松茸とトコブシの網焼き

■材料
松茸、すだち、しょう油
／トコブシ、しょう油、酒

■作り方
① 松茸は手で半分もしくは四等分にさき、網にのせて焼きます。松茸が汗をかいてきたら、すだちの絞り汁としょう油を合わせたつけ汁にサッとくぐらせていただきます。
② トコブシは殻つきのまま網にのせ、しょう油と酒をたらして焼きます。

AUTUMN

9月20日

（晴れ）

スパゲッティは立派だ　その2

ある雑誌で谷村さんと一緒に連載していたエッセイ『お買物日記』が十一月に出版されることになり、打ち合わせのため、彼女のお宅に伺いました。

昨日まで京都に出かけていた彼女の部屋にはついに買ってしまったという江戸期の花唐草の組みの器がずらりと並べられており、夕食を前に自分のものでもないのにその器をながめ使い方をあれこれ考え、満足しておりました。

染め付けは、和洋中問わずいろいろな料理に合う器なので、私も大好きです。白い洋食器に合わせたり、ガラスの器と合わせても素敵です。今日はお得意の梅ツナしそスパゲッティを作ってくれました。彼女は梅、ツナ、しそだけで作りましたが、私はさらにちりめんじゃこ、かいわれ大根、海苔を加えます。志穂さん、いかがですか。

花唐草

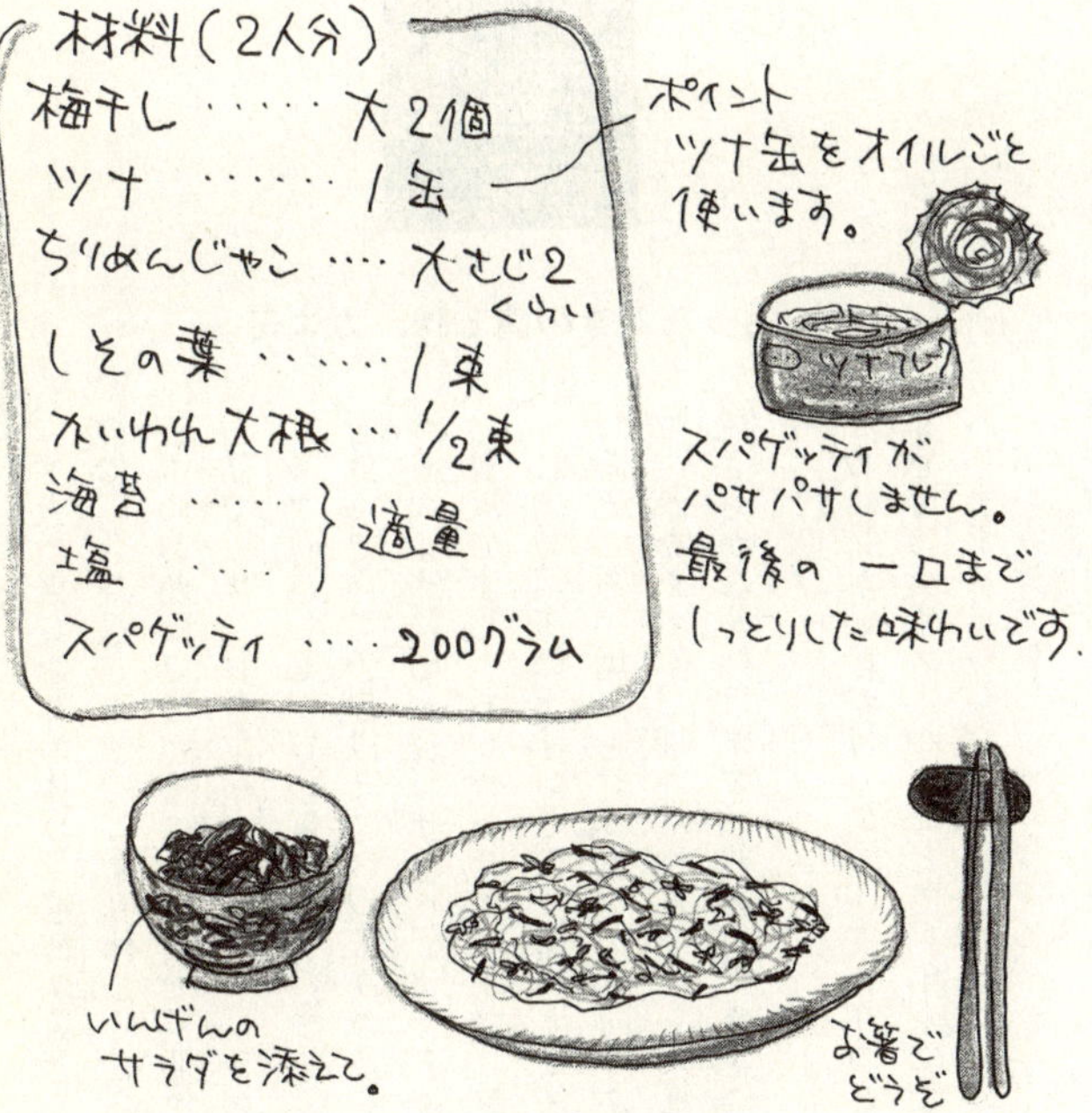
材料(2人分)
梅干し……大2個
ツナ……1缶
ちりめんじゃこ……大さじ2くらい
しその葉……1束
かいわれ大根……1/2束
海苔……
塩……
適量
スパゲッティ……200グラム
ポイント
ツナ缶をオイルごと使います。
ツナフレーク
スパゲッティがパサパサしません。最後の一口までしっとりした味わいです。
いんげんのサラダを添えて。
お箸でどうぞ

梅ツナじゃこしそスパゲッティ

■材料
梅干し、ツナ缶、ちりめんじゃこ、しその葉、かいわれ大根、塩、海苔、スパゲッティ

■作り方
① 塩を加えた湯でスパゲッティをゆでます。
② 梅干しは種を取り除き、梅肉をたたきます。かいわれ大根は根を落とし、刻みます。しその葉は千切りにします。ボウルにツナ缶をオイルごと入れ、梅肉、かいわれ、しそ、ちりめんじゃこを加えて混ぜておきます。
③ スパゲッティのゆで汁を少々②に加え、ゆで上がったスパゲッティを入れて手早く混ぜます。器に盛りつけ、海苔をちらします。
*梅干しやじゃこから塩味が出ますが、好みでしょう油などで味を調えてください。

AUTUMN

9月30日

（晴れ）

困ったときの隠し球、カニ缶

主人の久しぶりの休日。遠征が続き、さすがに疲れているようなので、お昼過ぎまでぐっすり休ませてあげました。昨日はたいへんな雨のおかげで買い物に出られず、昼食には冷蔵庫にあるものと、缶詰でカニ玉丼を作りました。

カニ缶は、必ず買い置きしています。突然のお客様のときやお酒を飲んでいて予想以上におつまみの減りが早いときに、使います。今日のように卵と合わせたり、サラダに混ぜたり、カニならちょっと贅沢ですし、あり合わせという感じがしませんよね。

このカニ玉のポイントは、卵にオイスターソースだけで下味をつけるところ。塩気も甘みもコクも同時につけられる万能調味料です。カニがなくても、炒めたねぎだけを入れたオイスターソース味の卵焼きもかなりいけます。普通の卵焼きに飽きたときに、おすすめです。

カニはお値段がはるので、安売りのときにまとめ買いしています。東京では大手スーパーなどで、年末によくこれらの缶詰の安売りがあります。

カニ玉

■材料

カニ缶、卵、ねぎ、しめじ、ニラ、オイスターソース、しょう油、酢、砂糖、中華だし、ごま油、片栗粉、油

■作り方

① ねぎ、しめじ、ニラは適当な大きさに切って、ごま油で軽く炒めておきます。

② 水にしょう油、酢、砂糖、中華だしを加えて混ぜておきます。

③ 卵をよく溶きほぐし、カニ缶を汁ごと加えます。粗熱が取れた①を合わせ、オイスターソースで下味をつけます。

④ 中華鍋をよく熱し、油を入れて煙が出たら、一気に③を流し込みます。大きく混ぜながら、形を作っていきます。具が多い場合には形が作りにくいのですが、その場合は無理に形にこだわらず、卵が半熟ぐらいの柔らかい炒り卵風に仕上げます。

⑤ ④を器に盛りつけたら、そのまま同じ鍋に②を入れ、一煮立ちさせ、水溶き片栗粉で、とろみをつけて甘酢を作ります。卵の上にかけて出来上がりです。

＊今日は冷蔵庫にあったあり合わせの野菜を入れましたが、普段はしい茸や水煮たけのこ、グリンピース、さやいんげんなどをよく使います。

材料（2人分）
カニ缶……1缶
卵……4個
ねぎ……1/3本
しめじ……1/3パック
ニラ……1/4束
オイスターソース
しょう油.酢.砂糖.
中華だし.ごま油.
片栗粉.油
適量

卵ととても相性のいい調味料だと思います。

私は卵にしっかり味をつけてしまい、薄味の甘酢をかけるのが好きです。

AUTUMN

10月1日

（晴れのち雨）

にんにく臭いと叱られたあの頃

クラシックバレエを踊っていた頃の後輩から、突然の電話。私が担当した雑誌の料理のページを見てくれ、編集部に私の連絡先を問い合わせ、連絡をくれました。彼女ももうバレエをやめ、今は一児の母となっていました。十年ぶりの再会を約束し、電話を切りました。思い出深い、嬉しい日となりました。

お昼に、彼女と一緒にお稽古場に通っていた頃、レッスンの合間に出かけた喫茶店でよく食べたガーリックトーストを作ってみました。これを食べてからレッスンに戻るとにんにく臭くて、先輩に叱られたものです。

あの頃先輩の真似をして、大人ぶって喫茶店に入りました。ピザトーストや焼きうどんが珍しくてよく食べたものです。

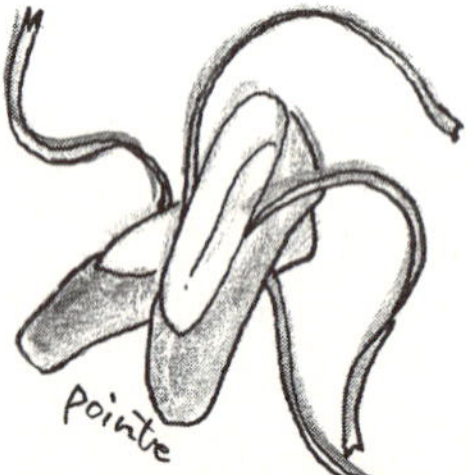

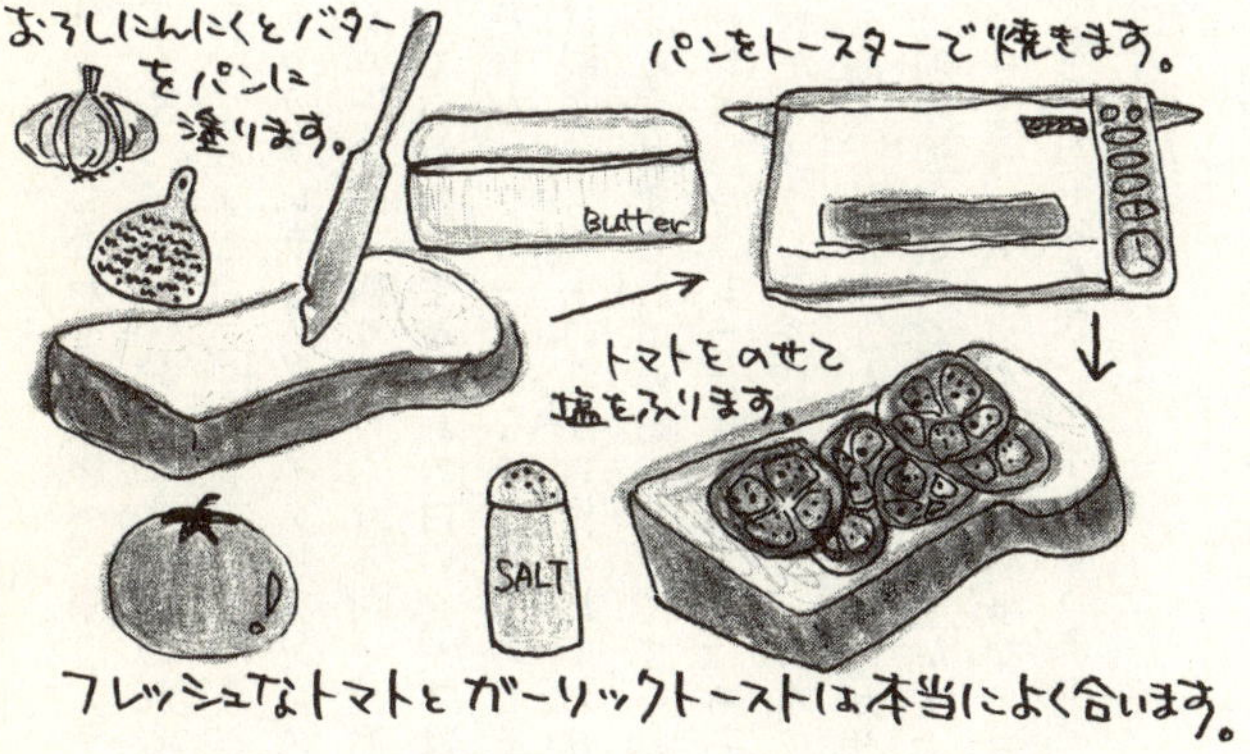
おろしにんにくとバターをパンに塗ります。
Butter
パンをトースターで焼きます。
トマトをのせて塩をふります。
SALT
フレッシュなトマトとガーリックトーストは本当によく合います。

ガーリックトースト トマトのせ

■材料
厚切り食パン、にんにく、バターまたはマーガリン、トマト、塩

■作り方
① にんにくをすりおろし、バターと一緒にパンに塗り、トースターで焼きます。
② トマトは薄くスライスします。
③ 焼きたてのパンにトマトをのせ、塩を軽くふっていただきます。

＊これを食べるとしばらく人に会えませんが、美味しいのでついつい作ってしまいます。にんにくを控えたいときはにんにくの切り口をパンにこすりつけ、香りをつけましょう。

AUTUMN

10月14日

（曇りのち晴れ）

巻き巻き料理　その1

仕事の打ち合わせで銀座へ。帰りにデパートの食品街でチーズフェアをやっており、ピザによく使われるというモッツァレラチーズを買ってみました。

モッツァレラというとイタリアンレストランで出されるトマトとバジルと一緒に盛りつけられる白い豆腐のようなチーズのことだと思っていたのですが、あの白いタイプは水牛の乳から作られる、熟成させないフレッシュなチーズなのだそうです。今日求めたのは名前は同じでも乳牛の乳から作られており、加熱殺菌されて保存が利くように加工されているチーズです。本来イタリアではフレッシュな白いモッツァレラは生で食すのはもちろんのこと、ピザにもこの白いモッツァレラを使いますが、日本ではフレッシュなタイプは値段も高く、日持ちがしないために、ピザなどの加熱する料理のときには加熱加工されたタイプのほうが多く使われているようです。

今日は一つチーズを使った簡単なメニューを思い出し作りました。「豚肉のチーズ巻き」と呼んでいます。ピクルスを一緒に巻き込むところがミソです。

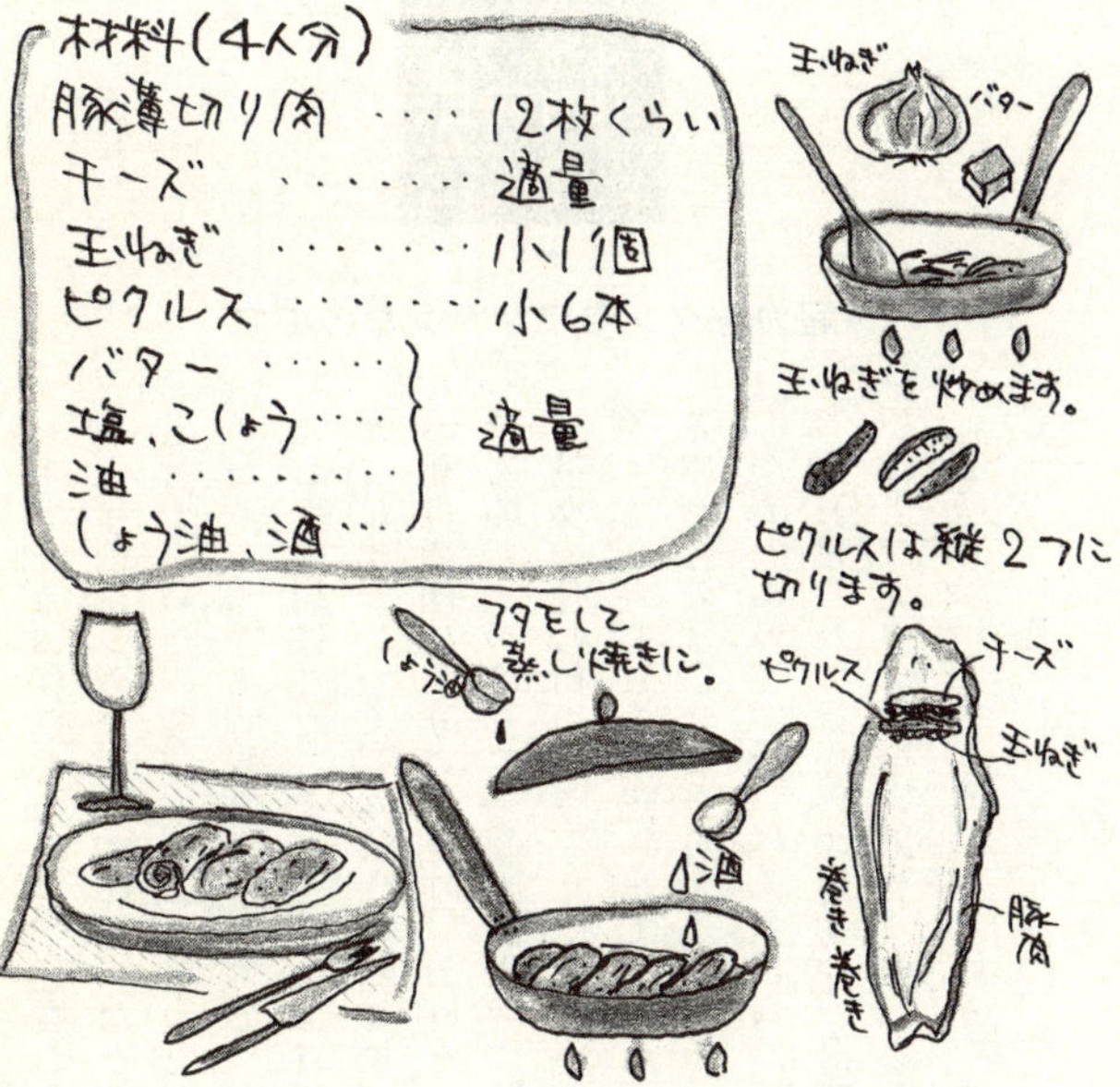

豚肉のチーズ巻き

■材料

豚薄切り肉、チーズ（溶けるタイプ）、玉ねぎ、ピクルス、バター、塩、こしょう、油、しょう油、酒

■作り方

① 玉ねぎをスライスし、バターでしんなりするまで炒め、冷ましておきます。

② 豚肉を広げ、チーズと①、ピクルスをのせて巻き込みます。中身が見えないように、包むように巻きましょう。

③ ②に軽く塩、こしょうし、油をひいたフライパンでこんがりと焼き色をつけ、酒を加えてフタをし、蒸し焼きにします。仕上げにしょう油を風味づけにたらします。

＊チーズは冷蔵庫で保存しますが、いただく1～2時間前に冷蔵庫から出しておくと、風味がもどります。

AUTUMN

10月20日

(曇り)

超カンタンなワンタンなのです

アメリカに住む友人から、妊娠したという知らせが届きました。三年前にシカゴのお宅に伺ったときに、盛んに赤ちゃんが欲しいと言っていたので、本当によかった、よかった。元気な子を生んでくださいね。当時新婚ホヤホヤだった彼女のお宅に突然押しかけ、十日間も居候したことを、今は反省しています。ショッピングやゴルフに出かけたり、ちょうどハロウィンの時期で大きなかぼちゃをお化けの顔にくりぬいたり、お庭をハロウィングッズで飾ったり、ほんのちょっぴりアメリカの生活に触れることができました。

彼女の住む街の小さなカフェでいただいた『フラワーポットサラダ』も忘れられない思い出です。名前の通り花瓶のような高さのあるガラスの器にサラダが入っており、盛りつけもネーミングも洒落っ気たっぷりで、たいへん気に入ってしまいました。

今日はそれではないのですが、滞在中に彼女に教わった超カンタン海老ワンタンを思い出し、作ることにしました。

彼女がママになったら、また遊びに行こうと思います。

材料（4人分）
むき海老……1パック
長ねぎ……1/2本
ワンタンの皮……1袋
塩、こしょう、片栗粉…適量
香菜……少々
ポイント
ワンタンが浮き上がってきたら出来上がり。ゆですぎるとかたくなってしまいます。
お好みのタレを添えて

超カンタン海老ワンタン

■材料
むき海老、長ねぎ、ワンタンの皮、塩、こしょう、片栗粉、香菜

■作り方
① 海老は粗みじんにたたき、長ねぎはみじん切りにします。
② ①に塩、こしょう、片栗粉を加え、手で粘りが出るまで混ぜ、ワンタンの皮に包みます。
③ 沸騰した湯に②を一つずつ入れていき、浮いてきたら取り出し、香菜と一緒に器に盛りつけます。酢じょう油、ぽん酢、ごまダレなど好みのタレでいただきます。ちなみに私は、ぽん酢とごまダレを合わせたタレにラー油をたらしたものが、好きです。

AUTUMN

10月25日

（晴れ）

ホテル・メニューから頂戴した絶品

山の上ホテルの中にある中華料理店で夕食をとりながら、ある女性編集者の方と彼女が企画した「男をくどく料理」という話題で盛り上がりました。

ところが、そんな彼女自身には、痛いエピソードがあるのだそうです。彼女のボーイフレンドは少々味にうるさい方で、インスタントの調味料でおでんを作ろうとしたら、おでんはまず昆布でだしをとるのではと尋ねられてしまったとか。

ちなみに私は色気などないものですから、何とか料理でと勝負してきた口で、ドライブに行くときなどは必ずお弁当を作って持参しました。今思えば、その企画にぴったりの女だったのです。主人も料理でだまされたと時々ぼやいております。好きな人に自分を理解してもらうのにまずチャームポイントを相手に伝えるのは当然で、私は手料理の味を彼に伝えたわけです。中華料理店ではそんな話をしながらも、出てくる料理のメモをしっかり取っている私でした。

鶏肉とセロリの細切り炒めのポイントは素材が細切りでしんなりと柔らかいのに、鶏肉がプリッとしているところです。

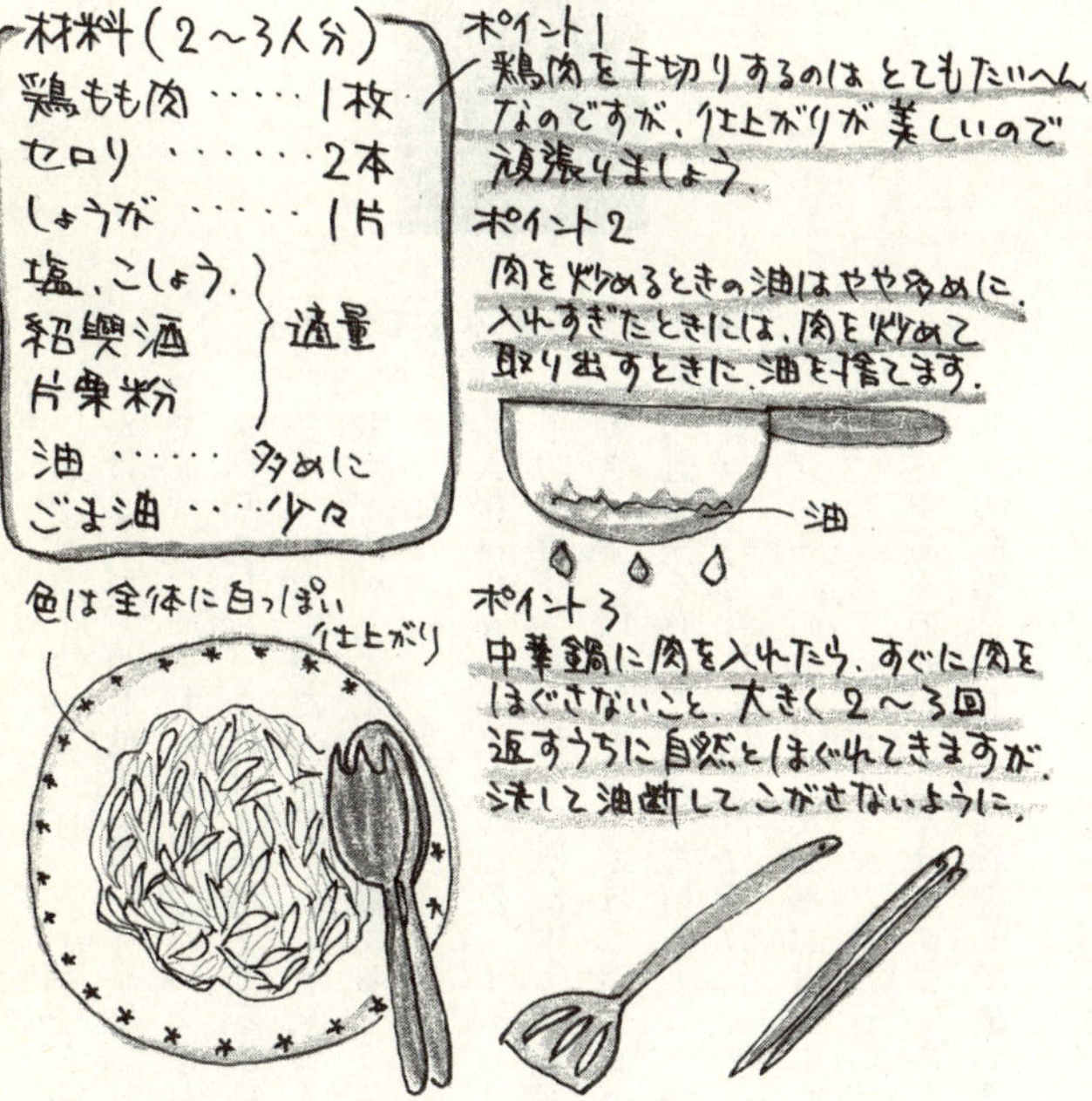
材料（2〜3人分）
鶏もも肉……1枚
セロリ……2本
しょうが……1片
塩、こしょう、紹興酒、片栗粉　適量
油……多めに
ごま油……少々
ポイント1
鶏肉を千切りするのはとてもたいへんなのですが、仕上がりが美しいので頑張りましょう。
ポイント2
肉を炒めるときの油はやや多めに。入れすぎたときには、肉を炒めて取り出すときに、油を捨てます。
油
色は全体に白っぽい仕上がり
ポイント3
中華鍋に肉を入れたら、すぐに肉をほぐさないこと。大きく2〜3回返すうちに自然とほぐれてきますが、決して油断してこがさないように。

山の上ホテルから頂戴した鶏肉とセロリの炒め物

■材料

鶏肉、セロリ、しょうが、塩、こしょう、紹興酒、片栗粉、油、ごま油

■作り方はたぶんこんな風

① 鶏肉、セロリはそれぞれ粗く千切りにします。しょうがはおろします。

② 切った鶏肉に塩、こしょう、紹興酒を加え、手でもむように味をなじませて、片栗粉をまぶしておきます。紹興酒を入れると、どんな中華もひと味違いますよ。

③ 中華鍋をよく熱し、多めに油を入れて②を炒めます。軽く油を通すといった感じです。肉にほぼ火が通ったら、一度取り出します。油の残った同じ鍋で、セロリを炒め、しんなりしてきたら肉を戻し、軽く合わせます。塩、こしょう、おろしたしょうがを加え、味を調えて、最後にごま油を香りづけにたらします。

AUTUMN

11月3日

（曇り）

大根一本すみずみまで使う法

昨日は久しぶりに、主人とお酒を飲みに出かけました。少し飲み過ぎ、完全に二日酔いです。胃にやさしい具だくさんの大根おろしを作りました。これはよく出かける小料理屋さんでいただいた一品で、とても気に入って、我が家の朝食にたびたび登場するようになりました。

大根は青々した葉がついた、ずっしり重いものを選びます。私は大根本体よりも葉が大好き。葉っぱだけを売ってほしいくらいです。最近は葉を落として売っているところが多く、葉のついたものを探すのに苦労します。葉は塩でもみ、細かく切ってご飯にまぶしたり、油炒めにしていただきます。葉に近い部分は甘みがあるのでおろしやサラダに、あとは煮物やお味噌汁の具、お漬物として使います。

具だくさん入りの大根おろし

■材料
大根、なめこ、かいわれ大根、しらす干し、海苔

■作り方
① 大根をすりおろし、ざるにとって、軽く水気をきっておきます。
② 適当な長さに切ったかいわれ大根となめこは、湯でサッとゆがいて冷ましておきます。
③ ①と②、しらす干しを合わせて器に盛りつけ、上から海苔をちらします。お好みでしょう油をかけていただきます。

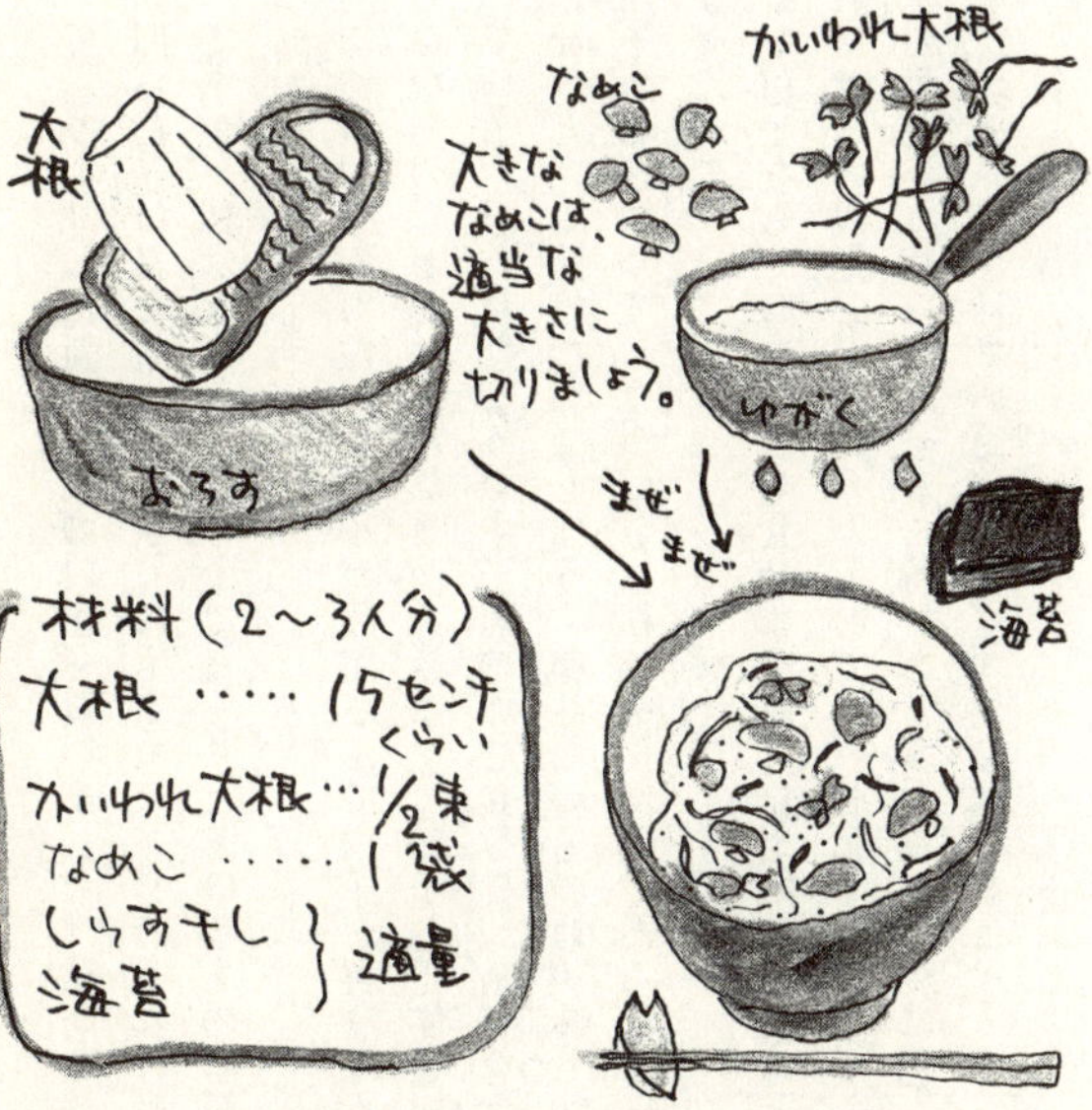
大根
おろす
なめこ
大きななめこは、適当な大きさに切りましょう。
かいわれ大根
ゆがく
まぜまぜ
海苔
材料(2〜3人分)
大根……15センチくらい
かいわれ大根…1/2束
なめこ……1袋
しらすほし
海苔
適量

AUTUMN

11月4日

(曇り)

白子はやめられない

白くてぷりぷりした新鮮な生の白子を買いました。秋から冬にかけて出回る白子は見た目にはあまりにもグロテスクで、女性は敬遠しがちですが、私は大好き。舌の上でとろりと溶けるあの感触がたまりません。

以前に仕事仲間の男性に女の子が魚屋さんで白子を買うなんて恥ずかしくないの、と聞かれたことがあります。白子の正体を知らずに食べていると思われたようです。魚の卵を食べて、精巣を食べてはいけないという法はないでしょう。美味しいものは美味しいのです。白子の味を知ってしまったら、私はそれが何であろうと一向に構いません。

新鮮な白子ならそのまま生で食せますが、自宅でいただくときは、できればサッと湯通ししたほうが安心です。私は半生にゆがいた白子にぽん酢という組み合わせが一番好きですが、ホイルに包んで軽く焼き、塩とレモン汁でいただくのもオツな味ですよ。

白子ぽん酢

■材料
生の白子、ぽん酢、紅葉おろし、あさつき

■作り方
① 白子をやさしく塩水で洗い、汚れや血などを取り除きます。
② ①をざるに入れ、熱湯にくぐらせます。
③ ②を器に盛りつけ、ぽん酢をかけて、紅葉おろしと刻んだあさつきをあしらいます。

やさしく洗います。
塩水
白子
白子
湯
熱湯にくぐらせて、器に盛りつけます。
ぽん酢をかけ、もみじおろし、あさつきをあしらいます。
おいしいぽん酢はいろいろありますが、最近気に入っているのは盛田のぽんず"です。すだち、ゆずの香りがぜいたくです。
盛田
ぽんず
ホイル
ホイル包み焼きは、熱いうちにレモンを絞り、塩をふります。
SALT

AUTUMN

11月5日

（晴れ）

ピリリと辛い水団

主人が突然自動車雑誌に着物姿で登場することになり、私は着物の着付け役でスタジオに駆り出されました。彼の趣味である手打ちうどん作りを紹介するということで、大袈裟に着物まで着ることになってしまったのです。何年か前にアンティーク着物を扱う呉服屋さんで求めた一張羅の大島紬を抱え、出かけました。

手打ちうどんは粉をこねるまでは簡単なのですが、麺棒で延ばすのに少々力がいります。延ばしを半端にすると、ほうとうのような極太うどんになってしまうので、力のある男性にお願いするのが一番です。

今日は、撮影で中途半端に延ばされたうどんを我が家に持ち帰り、水団にしていただきました。

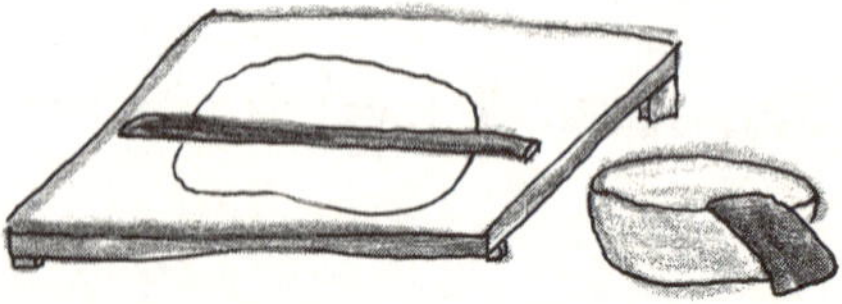

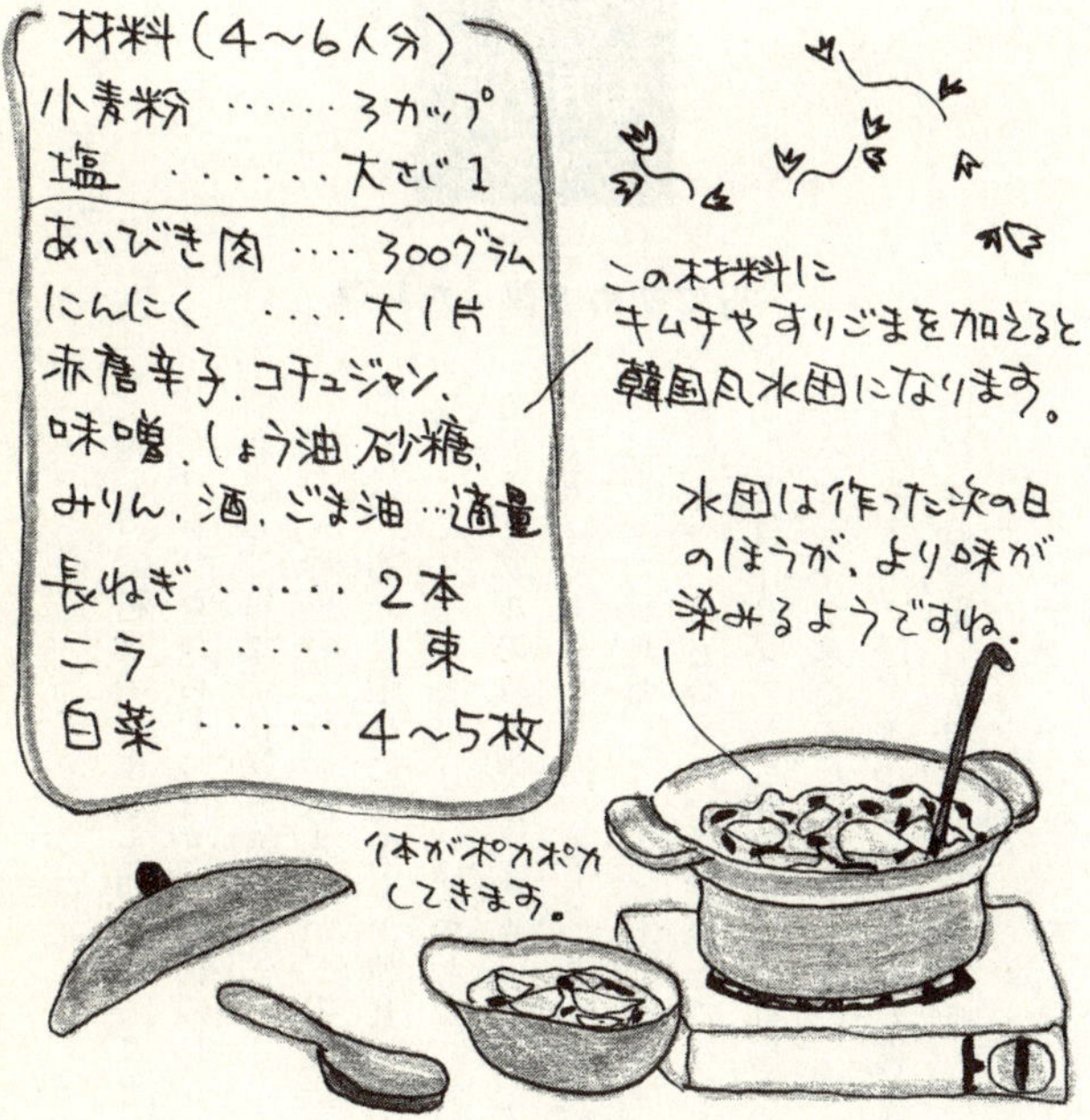
材料（4～6人分）
小麦粉……3カップ
塩……大さじ1
あいびき肉……300グラム
にんにく……大1片
赤唐辛子、コチュジャン、味噌、しょう油、砂糖、みりん、酒、ごま油…適量
長ねぎ……2本
ニラ……1束
白菜……4～5枚
この材料にキムチやすりごまを加えると、韓国風水団になります。
水団は作った次の日のほうが、より味が染みるようですね。
体がポカポカしてきます。

■四川風水団

■材料

小麦粉、塩、あいびき肉、砂糖、にんにく、赤唐辛子、コチュジャン、味噌（合わせ味噌、または八丁味噌）、しょう油、みりん、酒、ごま油、長ねぎ、ニラ、白菜

■作り方

① あいびき肉にしょう油、砂糖で下味をつけておきます。

② にんにくは薄切り、赤唐辛子は小口切りにします。長ねぎ、ニラ、白菜は適当な大きさに切ります。

③ 小麦粉に塩を合わせ、水を注いで、耳たぶよりややかためにこね、寝かせておきます。

④ 鍋にごま油を入れ、切ったにんにく、①を加えて炒めます。肉に火が通ったら、水を注ぎ入れ、煮立たせ、アクを取ります。

⑤ ④に切った赤唐辛子、野菜を入れて煮ます。コチュジャン、味噌、しょう油、みりん、酒で味をつけ、③を一口大に丸め、平たくのばしたものを加えて、さらに煮込みます。

AUTUMN

11月7日

（晴れ）

母に初めて習った料理

雑誌の鍋料理のページを担当することになり、ワープロから七つほどの鍋物のレシピを引き出し、編集部に送りました。

鍋で一番思い入れがあるのが、牛乳鍋です。これは、冬の日曜日には実家の朝食に欠かせなかったスープというか、鍋でした。朝起きるとテーブルの真ん中にぐつぐつ煮えた鍋が、必ず置いてありました。もしかしたら初めて母に習った料理は、これかもしれません。ご飯にもパンにも合うので、結婚した今も思い出しては作ります。牛乳の匂いが部屋中に広がると、冬が来たのだと感じます。

このスープは、きっとお子様にも喜んでいただけると思いますよ。

ジャムは、長細いカゴに並べ入れ、冷蔵庫にもこのカゴのまま収納しています。出し入れが楽ですよ。
JAM
BONNE MAMAN
半熟卵とパンを添えました。私の半熟卵の食べ方は、ナイフで上の部分を割ってしまい、スプーンで中身をすくうようにして食べています。

母譲りの牛乳鍋

■材料
牛乳、白菜、ベーコン、固形コンソメ、こしょう

■作り方
① 白菜、ベーコンを適当な大きさに切ります。
② 牛乳に①を加えて煮ます。煮立ったら、固形コンソメ、こしょうで味を調え、白菜がくたくたになるまで煮込みます。ベーコンから塩気が出ますが、味がたりないときには、塩を入れてください。

＊簡単なので、卓上コンロでできてしまいます。我が家では具を細かく切らず、白菜は一枚の葉を四つぐらいに、ベーコンは半分に切るぐらいで、大きな具を豪快に煮込んでいます。

AUTUMN

11月8日

（曇り時々晴れ）

これさえあればドレッシングは失敗しない

広尾にある明治屋さんに出かけました。

明治屋オリジナルの商品で、アメリカのS&Wのビンテージ・ライトというドレッシングは、私の秘密兵器の一つです。

適度な甘みと微かに香るハーブが入ったノンオイルタイプで、私はドレッシングというよりワインビネガーの感覚で使っています。そのまま野菜にかけたり、レモン汁やオイルを加え好みのドレッシングを作ったり。

多くのビネガーは酸味が強過ぎて、甘みを出すのに一度火にかけたり、砂糖を入れたりする必要があり、味が定まらずに苦労します。宣伝するわけではないのですが、ビンテージ・ライトはその点程よい酸味です。失敗しないドレッシングと呼び、料理初心者の人にすすめたりしています。

これを使って、ゆで野菜の温かいサラダを作ってみました。

温サラダ

■材料

じゃがいも、にんじん、玉ねぎ、ソーセージ、ワインビネガー、にんにく、エシャロット、マスタード、ピクルス、レモン汁、オリーブオイル、塩、こしょう

■作り方

① にんにくはすりおろし、エシャロット、ピクルスはみじん切りにします。

② ワインビネガーにレモン汁、塩、こしょう、マスタード、①を入れて混ぜ合わせ、オリーブオイルを加えてドレッシングを作っておきます。

③ じゃがいもは皮のままゆで、熱いうちに皮をむき、適当な大きさに切ります。にんじんは切ってからゆでます。玉ねぎは薄くスライスして、水にさらしておきます。ソーセージはボイルし、食べやすい大きさに切ります。

④ ゆでた野菜とソーセージを温かいうちに盛りつけ、水気をきった玉ねぎをちらして、②のドレッシングをかけていただきます。

＊時間があれば野菜とソーセージをそれぞれボイルしたほうが一層美味しく仕上がりますが、面倒なときにはじゃがいもも皮をむいて切り、にんじん、ソーセージと一緒に同じ鍋でゆでます。ゆで上がる時間が違うので時間に差をつけて入れます。

＊残念ながら今現在は、このビネガーは取り扱いがなく、幻となってしまいました。

材料（4〜5人分）
じゃがいも……3個
にんじん……1本
玉ねぎ……1/2個
ソーセージ……4本
にんにく……1かけ
生食用エシャロット……2個
ピクルス……1本
ワインビネガー……大さじ4
レモン汁、マスタード……各少々
塩、こしょう……適宜
オリーブオイル……1/2カップ

温野菜はおなかを冷やすこともなく、体にとってもいいんですよ。

レモン果汁やかぼすと相性がいいようです。

AUTUMN

11月10日

(曇り)

ぬめり、活かします

そろそろ外に出していたゴムの木やベンジャミン、クンシランを部屋に入れてあげようと、部屋を片づけ、鉢をおくスペースを作りました。

ゴムの木は夏にとても伸びるので、春先に何カ所か切り落とすのですが、またその切り口から若い芽が出てきてしまい、部屋の緑が年々濃くなっています。クンシランは、一年おきにオレンジ色の愛らしい花をつけます。来年は花をつける年なので、今から春が楽しみですが、それにしても不思議な花ですね。時にはサボったりしたいでしょうに。

お昼にさといものスープを作りました。さといもはぬめりを取るために、一度下ゆでしてから調理しますが、今日はそのぬめりを活かして、とろとろスープに仕上げました。

さといものとろとろスープ

■材料

さといも、玉ねぎ、にんじん、固形コンソメ、塩、こしょう

■作り方

① さといも、玉ねぎ、にんじんは皮をむき、乱切りにします。

② 湯に①を入れて煮ます。さといもに火が通ったら、固形コンソメ、塩、こしょうで味を調えます。

＊さといもは頭とお尻を落として、縦に皮をむくとむきやすく、丸ごと使うときにも形がいいです。

材料（2人分）

さといも……大2個

玉ねぎ……1/2個

にんじん……小1/2本

コンソメ．塩．こしょう　適量

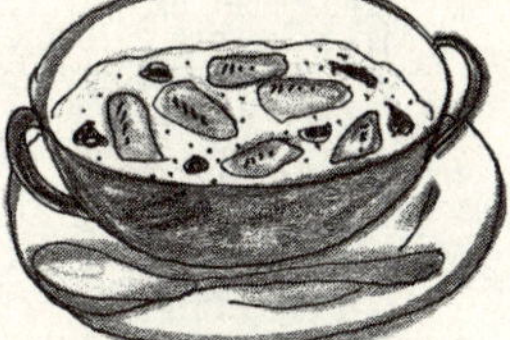

ポイントはさといもを下ゆでせず、そのまま使ってぬめりをいかすこと。このぬめりはさといものアクでもあるのですが、ある有名な料理人が肉や野菜のアクも味のうちだといった言葉を思い出し、自信をもって記してみました。

AUTUMN

11月17日

（曇り）

行くぞ！　山盛りにんにく

鍋料理の撮影のため、十時三十分に六本木のキッチンスタジオに入りました。七つ送ったメニューには京菜鍋やチゲ、きのこ鍋などあったのですが、今回はくず湯豆腐とニラワンタン鍋、にんにく鍋を作ることになりました。

にんにく鍋が好評で、スタッフの方が残ったスープを持ち帰りたいとまで言ってくれ、とても嬉しく思いました。料理家といっても、食べて美味しいといっていただくのがなによりの喜びです。

実はにんにく鍋は、この日初めて披露する新作で、父の台湾旅行の話からヒントを得ました。屋台をのぞくとドラム缶のような大きな鍋にたくさんのにんにくが丸ごと入れられ、ぶつ切りの豚肉がゴロゴロと煮えていたそうです。試しに頼んでみると、丸ごとのにんにくが不思議と臭くなく、肉と一緒に何個も食べてしまったと話してくれました。強い火で一気に煮込めば、にんにくの強烈な匂いも臭みも消えてしまうようですね。

今日までに二度ほど試作をし、イメージ通りのものが出来ました。

にんにく鍋

■材料

豚の骨付き肉、にんにく、長ねぎの青い部分、昆布、しょうが、赤唐辛子、クレソン、塩、こしょう

■作り方

① 肉を水から煮立て、一度ゆでこぼします。

② 鍋に長ねぎの青い部分、昆布、薄切りのしょうが、赤唐辛子をそのまま入れ、水を注いで煮立たせます。

③ ②にゆでこぼした肉と、皮をむいて大きめに切ったにんにくを加えて強火で煮ます。肉に火が通ったら、長ねぎとしょうが、昆布を取り除きます。

④ 塩、こしょうで味をつけ、クレソンを入れて出来上がりです。

材料（2人分）
豚の骨付き肉 …… 2本
にんにく …… 5～6片
長ねぎの青い部分 …… 1本分
昆布 …… 10センチくらい
しょうが …… 薄切り4～5枚
赤唐辛子 …… 3～4本
クレソン …… ｝適量
塩、こしょう …… ｝適量

肉はあらかじめお店で、食べやすい大きさに切ってもらいましょう。あの骨は家庭の包丁では、なかなか切れません。

ポイント1
必ず肉を一度ゆでこぼし、骨の汚れや肉の脂を落とします。

ポイント2
にんにくの臭みを飛ばすため、強火で一気に煮てください。

AUTUMN

11月18日

（晴れ）

巻き巻き料理　その2

煮物を盛りつける少し大きめの鉢を探していたところ、粉引きのどっしりした器を見つけました。

　器屋さんには、よく出かけます。テーブルセッティングのヒントを得ることもあります。器を見て料理のイメージが膨らむこともあります。器をながめるだけで何か発見があるので、ついついのぞいてしまいます。

　洗足池にある私の家の近所には、『こうえつ庵』という、とてもよい器屋さんがあり、助かっております。私は器を買うときにはとても慎重です。決して安い物ではありませんから、使い勝手や大切に長く使えるか、じっくり考えてからいよいよ買います。三日間通ってあきらめたものもありますし、いざ手に入れようと出かけるとすでに売れており、次の入荷を半年ほど待ったこともあります。

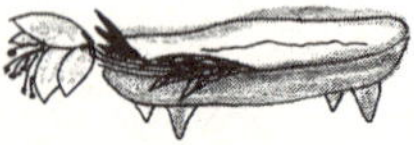

　器は、特に土でできたものは温かくて、使っているうちに色の変化も楽しめ、まるで生きているようですね。

■ニラ春巻き

■材料

ニラ、豚ひき肉、しょうが、オイスターソース、ごま油、片栗粉、春巻きの皮、ししとう、香菜、揚げ油、小麦粉

■作り方

①　ニラを細かく刻みます。しょうがはすりおろしておきます。

②　中華鍋を熱し、ごま油を入れ、豚ひき肉、しょうが、ニラの順に加えて炒めていきます。オイスターソースで味をつけ、水溶き片栗粉で、ややかためにとろみをつけます。

③　②の粗熱が取れたら、春巻きの皮で包み、包み終わりを小麦粉と水を合わせた糊でしっかりと止め、揚げます。

④　具に火が通っているので、皮がこんがりきつね色になったら、上げていきます。ししとうは素揚げします。

⑤　器に盛りつけ、香菜をあしらいます。好みで酢やからしをつけていただきます。

材料（4人分）
ニラ……　1束弱
豚ひき肉　……　200グラム
しょうが　……　大1片
オイスターソース、ごま油、片栗粉　適量
春巻きの皮……1袋
ししとう、香菜、揚げ油、小麦粉　適量

春巻きの皮はツルツルしているほうが表にくるように包みます。

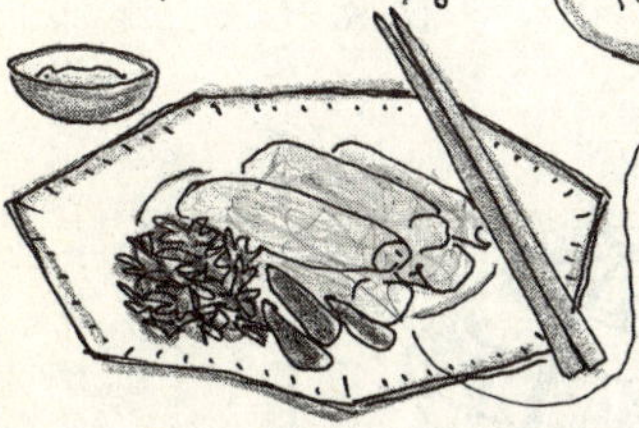

ししとうはよく水気を拭き取り、楊枝などで穴を1、2カ所開けてから、揚げます。穴を開けないと、バクハツすることがありますので、注意しましょう。

AUTUMN

11月25日

（晴れ）

夜中におなかが空いたなら

友人が部屋を引っ越すというので、引っ越し祝いにカーテンを作ってあげました。生地がたっぷりあったので、クッションもこしらえてみました。

しまい込んでいたミシンをせっかく出したのだから、この機会にテーブルクロスも作り、チャッピーの傷んでいた足も繕ってあげました。久しぶりの縫い物に熱中し過ぎ、徹夜をしてしまいました。

明け方、あまりにもおなかが空いたので、リンゴとカマンベールチーズを重ねたものをいただきました。この二つ、おかしな組み合わせのようですが、嘘のようにいけます。今日のように深夜にちょっとおなかを満たすようなときや、パーティのオードブルにも映えます。ワインにも、とてもよく合います。

クッションにリボンをかけて

リンゴのサクサクッとした歯触りとチーズのねっとりした口当たりを同時に味わうところも、これまたよいのです。リンゴは酸味と甘みがほどよいサンふじや、陸奥《むつ》などがおすすめです。

チーズとリンゴのオードブル

■材料
カマンベールチーズ、リンゴ

■作り方
① チーズとリンゴを同じぐらいの厚さにスライスし、リンゴは塩水にくぐらせて変色を防ぎます。
② チーズとリンゴを重ねて盛りつけます。
＊リンゴは赤い皮をむかずに切り、盛りつけると綺麗です。

Camembert
表は白カビにおおわれています。
中は柔らかくなめらか。クリーム色です。
ぜひ赤ワインと一緒にどうぞ！
Mâcon
フランスチーズの代表ともいえるカマンベールチーズは、北仏のノルマンディ地方のカマンベール村で作られたチーズ。今、世界で一番多くの人に親しまれているチーズですね♥ ♥ ♥ ♥ ♥

冬

WINTER

12月10日

（曇り）

家出した晩に

今日は何日かぶりに夫婦でご飯を食べることができました。なのに食事の最中に、ちょっとしたことで、喧嘩になってしまいました。本当につまらないことがきっかけでした。実は十月に、ずっと患っていた義父が亡くなったのです。家族というものは悲しむ間もなく、お葬式や法要に追われるものですね。やっと今月に入り、落ち着いていろいろと後片づけが出来るようになりました。

一方では、そんな間に夫婦の間で擦れ違いが多くなっていました。それでお互い気が立っていたのでしょう。今まで我慢してきたことをぶつけあってしまいました。

私は喧嘩になると、もう興奮してしまい、なかなか気持ちがおさまりません。車を運転して頭を冷やすか、それでもおさまらないときには贅沢ですが、ホテルに泊まってしまいます。そこで幾晩か一人で過ごすと気持ちがすっきりして、何もなかったように家に戻れるのです。

こんなときになんですが、今日の夕飯のおかずを記しておきます。せっかく主人の大好物を用意したのにと思うと、悔しいです。

肉味噌の野菜巻き

■材料

豚ひき肉200g、にんにく、しょうが各1片、味噌（合わせ味噌、または八丁味噌）大さじ2、しょう油少々、砂糖、酒各大さじ1、トウバンジャン少々、ごま油大さじ1〜2、レタス、キャベツ、きゅうり、にんじん、大根、アスパラガスなどお好みの野菜

■作り方

① にんにく、しょうがはおろしておきます。

② 味噌、しょう油、砂糖、酒、トウバンジャンを合わせておきます。

③ フライパンにごま油を入れ、豚ひき肉、にんにく、しょうがの順に入れて炒め、②を加えて味をつけます。

④ レタスやキャベツなど葉野菜は一枚一枚ていねいにはがし、洗っておきます。他の野菜は細切りにします。

⑤ 葉野菜に肉味噌と切った野菜を入れ、包んでいただきます。

野菜をたっぷり盛りつけます。
必ずおしぼりを添えます。
肉味噌

葉野菜に肉味噌と細切りにした好みの野菜をのせて、手づかみでいただきます。

これはドライブのときのお弁当にもよく作ります。

出先で肉を野菜に包んでいただくところがお弁当らしくなく、新鮮で好評です。ただ別々のお弁当箱に詰めるので、荷物が多くなりますから、登山などのお弁当には不向き。

ドライブ専用弁当です。

WINTER

12月15日

（雨）

仲人さんに教えられたこと

長野の実家で過ごす冬の一日です。窓の外は、深い雪におおわれています。

家を出てから、六日もたってしまいました。主人とのつまらない喧嘩のあと出費も顧みず二泊をホテルで過ごしたのですが、気持ちはおさまらず、とうとう長野の実家にまできてしまいました。

以前はよく夜中に車を飛ばして戻ってきておりましたが、最近は少し大人になったつもりでいました。両親のほうは慣れたもので、今回も「しばらくいたら」なんて呑気なことを言ったりします。私たち夫婦にはまだ子供がおりませんので、こんなことができるのも今のうちだと思っているのでしょう。

こんな日にもおなかは空く私です。窓の外を眺めながら、朝から夕飯のおかずは何にしようかと考えておりました。魚にしようか、肉にしようか、いろいろ考え、イカで得意の中華風の炒め物を作ることにしました。そういえばこれも主人の好物なんだなと思ったとたんに、ふと私たちの仲人をしてくださった奥様の話を思い出しました。喧嘩をしたときには絶対にこれをすれば喜ぶということを三つ用意しなさい。そうすれば自分も楽になれるから。例えば、朝洋服を揃えてあげるとか、駅まで迎えに行くとか、大好物のおかずをたくさん作ってあげるとか、そうすればいつまでも夫婦はやっていけるから。

そうだった、と思った瞬間、急に東京に戻りたくなってしまいました。父と母には悪いのですが、頼まれたご飯の支度もしないまま、実家を飛び出し、車を走らせていました。

イカとセロリとにんじんの炒め物

■材料

イカ、セロリ、にんじん、しょうが、にんにく、塩、こしょう、紹興酒、油、ごま油

■作り方

① イカは内臓と皮を取り除き、胴の内側に格子状に切り目を入れて、一口大に切ります。

② しょうが、にんにくはみじん切りにします。セロリ、にんじんは短冊切りにします。

③ 熱した中華鍋に油を入れ、しょうが、にんにく、イカ、にんじん、セロリの順に炒めます。

④ 紹興酒、塩、こしょうで味を調え、香りづけにごま油をたらします。

＊ゲソは塩焼きにしたり、から揚げにしたほうが美味しいので、今日は冷凍にしました。

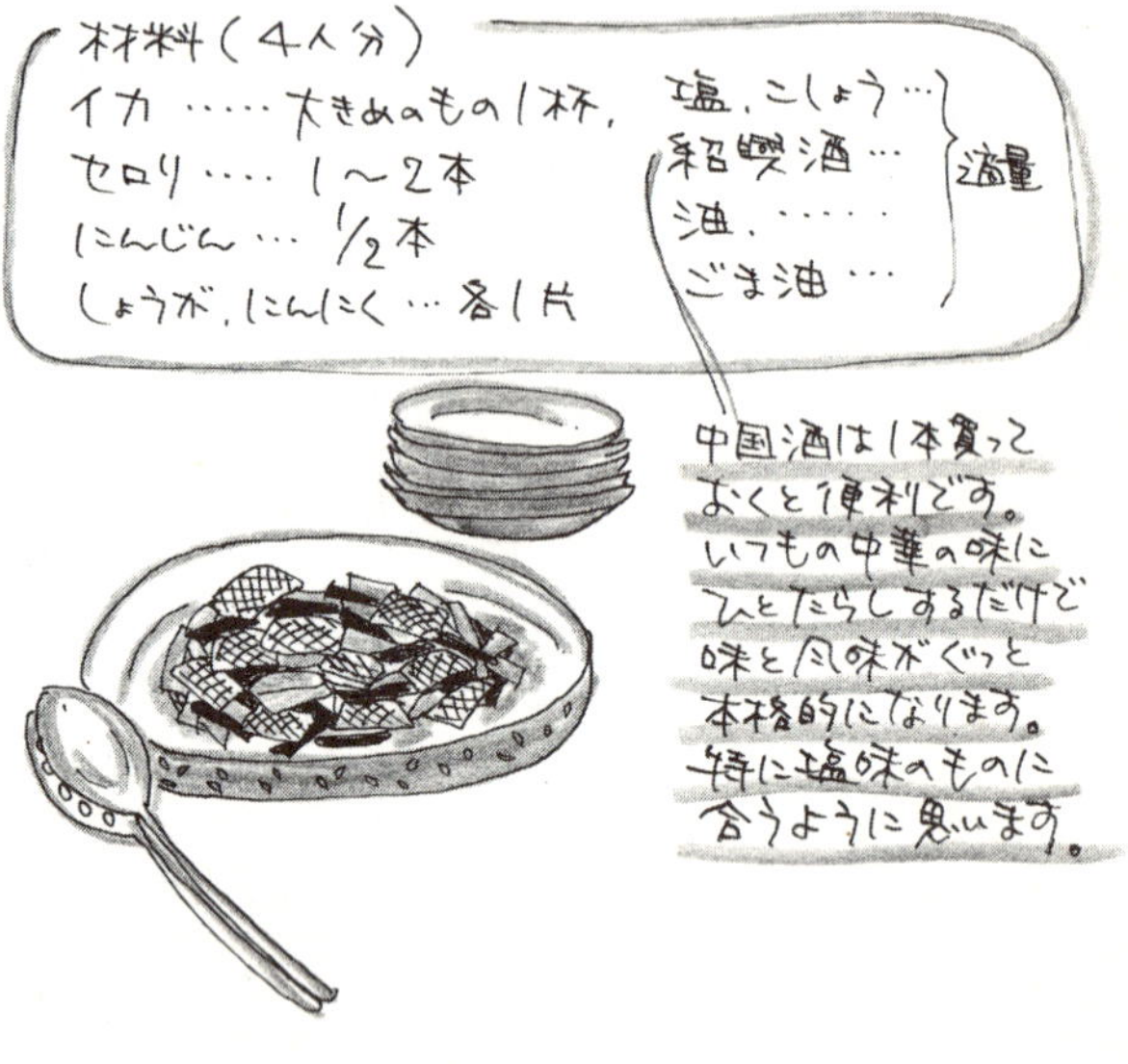
材料（4人分）
イカ……大きめのもの1杯
セロリ……1〜2本
にんじん…1/2本
しょうが、にんにく…各1片
塩、こしょう…
紹興酒…
油……
ごま油…
適量
中国酒は1本買っておくと便利です。いつもの中華の味にひとたらしするだけで味と風味がぐっと本格的になります。特に塩味のものに合うように思います。

紹興酒とごま油のお話

　中華風に料理を仕上げたいときに欠かせないのが、紹興酒とごま油です。お酒は日本酒を使ってもよいのでしょうが、やはり中国のお酒である紹興酒を使うとぐっと本格的な香りが出るように思います。最近は手頃な値段のものが手に入るようになりましたから、台所に一本用意しておくといいですね。もちろん料理だけでなく、お酒として楽しんでもいい。私は日本酒もワインもそうですが、調味料用のお酒としては買いません。あくまでもふつうに飲んでもおいしいと思うものをもとめて、料理にも使うことにしています。紹興酒はあたためて飲んでもオンザロックでもおいしいですし、カクテルにしてもなかなかいけます。老酒と呼ばれているお酒は紹興酒を数年寝かせたもの。味は基本的にそう変わらないように思いますが、お値段のはるようなものはそれなりに甘味が濃く、味わいがあります。

　ごま油は一般にごまを炒ってから搾油します。ですので、独特の香りと香ばしい色が特徴です。最近は太白ごま油という種類もスーパーなどでよく見かけます。こちらはごまを炒らずに、生のまま搾ったもの。色は透明にちかく、香りや癖がありません。わたしはこの二種類のごま油を用意しておき、炒め物には太白を使って、仕上げに香りのあるごま油をちょっとたらしたりと、使い分けをしています。

WINTER

12月24日

(晴れ)

一人で過ごすクリスマスには

今年も十二月の早々からクリスマスの飾りつけを始めました。毎年私はマンションのドアにリースを飾ることを忘れません。シンプルな枯れ木のリースに山帰来の実を付け加えて玄関ドアに飾りました。チャッピーの首には、クリスマスプレゼント用の小さな靴下を下げてあげました。

こんなに気分を盛り上げたところで、私のクリスマスはほぼ毎年一人で過ごす日となります。恋愛中の頃から主人は仕事の都合で東京を離れていることが多く、クリスマスを一緒に過ごすことはまずありませんでした。素敵なレストランで食事をしたり、スキー場で一晩を過ごしたりといった流行りの甘い一日とは無縁だったのです。最初はなんでこんな日にまで仕事をするのかと尋ねたりしたものですが、最近はもう慣れ、むしろ一人で過ごすのも悪くなく、のんびりと楽しめるようになりました。あのまま喧嘩が続いていなくてよかったというのが、せめてもの安らぎです。

一人でもクリスマス料理は作ります。今年はメニューに二つ手軽な新作が加わりました。一つはチキンのパプリカ焼き。パプリカの赤い色と香りが新鮮でパーティ向きではないかと思います。もう一つは一世を風靡したイタリアのデザート、ティラミスです。今さらとお思いでしょうが、これは味が絶品なだけでなく、これまで見たことがないくらいの簡単なレシピなのです。

実は私、正直言ってお菓子作りが得意ではありません。普段のご飯やおかずのように目分量でパッパッとできればよいのでしょうが、粉や牛乳、バターをきっちり量って合わせていかないと膨らまなかったり、固まらなかったり、粉っぽかったり。とてもそういう作業が性格的に合いそうにないのです。逆にその作業にはまってしまったらどうしましょうという、恐ろしさもあるのです。私が幼い頃、やはりお菓子が苦手だった母が新しいオーブンを購入したとたん、お菓子作りに目覚めました。来る日も来る日もレモンパイとスワンのシュークリームを食べさせられ、最初は喜んでいた私たち姉妹も一週間も続くとうんざりしはじめ、そのうち見るのも嫌になったくらいです。お菓子作りには往々に、そういう恐ろしさがあるように思い込んでいるのです。

ところが、このティラミス作りには、私もつい熱中してしまいました。材料のマスカルポーネというチーズさえ手に入れることができれば、量りもせずに合わせるだけであら不思議。上品な甘みとコーヒーの香りの心地好いデザートが、簡単に出来てしまうのです。このレシピは、ご近所に住む奥様から教えていただきました。この味、相当なものと、私信じております。

チキンのパプリカ焼き

■材料
鶏の手羽肉、にんにく、粗塩、こしょう、パプリカ、レモン

■作り方
① にんにくをすりおろします。鶏肉におろしたにんにくと粗塩をもむようにこすりつけ、15分くらい冷蔵庫で寝かせます。
② ①にこしょうとパプリカをふりかけて網焼きします。アツアツにレモンを絞っていただきます。
*これに片栗粉と小麦粉をつけて、から揚げにしても美味しいですよ。

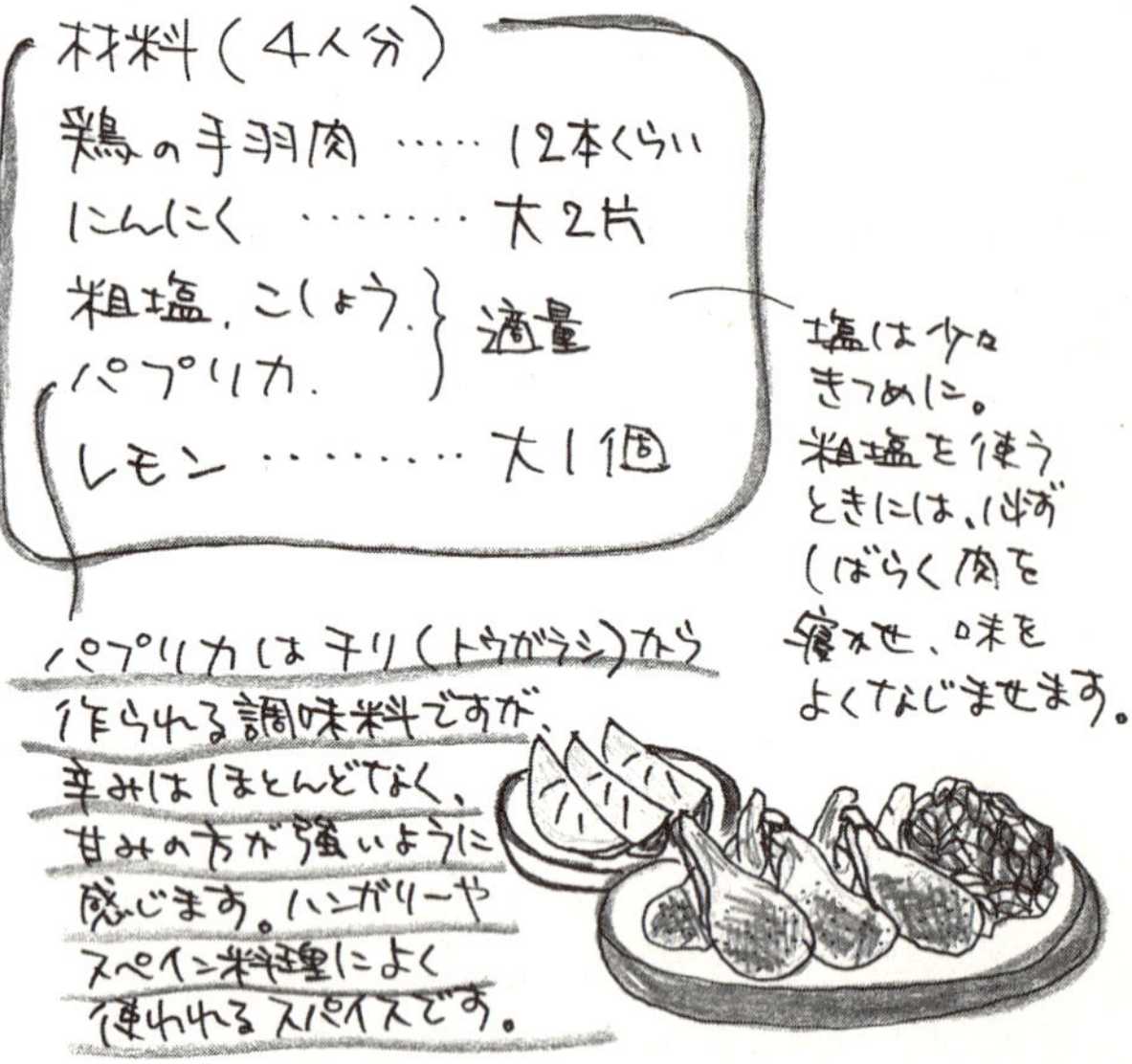
材料（4人分）
鶏の手羽肉……12本くらい
にんにく……大2片
粗塩、こしょう、パプリカ 適量
レモン……大1個
塩は少々きつめに。粗塩を使うときには、必ずしばらく肉を寝かせ、味をよくなじませます。
パプリカはチリ（トウガラシ）から作られる調味料ですが、辛みはほとんどなく、甘みの方が強いように感じます。ハンガリーやスペイン料理によく使われるスパイスです。

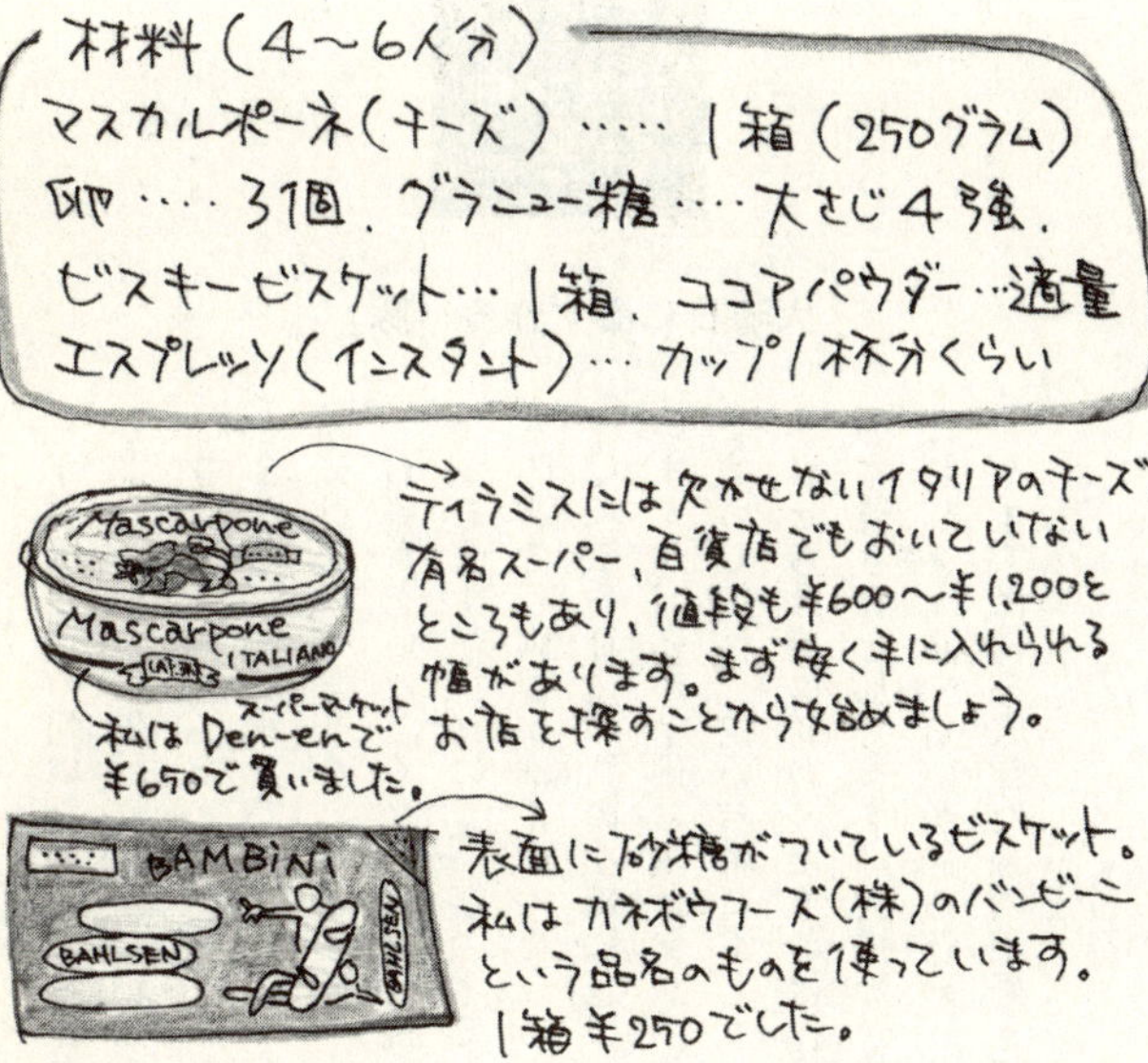
材料（4〜6人分）
マスカルポーネ（チーズ）……1箱（250グラム）
卵……3個。グラニュー糖……大さじ4強。
ビスキービスケット…1箱。ココアパウダー…適量
エスプレッソ（インスタント）…カップ1杯分くらい
Mascarpone
Mascarpone
ITALIANO
ティラミスには欠かせないイタリアのチーズ。有名スーパー、百貨店でもおいていないところもあり、値段も¥600〜¥1,200と幅があります。まず安く手に入れられるお店を探すことから始めましょう。
私はDen-en《スーパーマーケット》で¥650で買いました。
BAMBINI
BAHLSEN
BAHLSEN
表面に砂糖がついているビスケット。私はカネボウフーズ（株）のバンビーニという品名のものを使っています。1箱¥250でした。

ティラミス

■材料
マスカルポーネ一箱（250グラム）、卵3個、グラニュー糖大さじ4強、ビスキービスケット、ココアパウダー、エスプレッソコーヒー（インスタント）

■作り方
① 卵黄3個を湯せんにかけ、グラニュー糖大さじ3強を少しずつ加えながら、白っぽくクリーム状になるまでハンドミキサーなどでかくはんします。
② 卵白3個にグラニュー糖大さじ1を加えて、角が立つ程度まで泡立てます。
③ ①にマスカルポーネを合わせます。チーズは前もって常温にもどしておくと、混ぜやすいです。
④ ②、③を合わせます。
⑤ 器に、エスプレッソにサッとくぐらせたビスケットを敷き詰め、④を流し込み、冷蔵庫で半日冷やして出来上がりです。表面にココアパウダーをたっぷりふります。

WINTER

12月31日

（曇りのち雨）

大晦日に必ず作る「豚」

今日は元日の朝いただくお雑煮の下ごしらえ。どなたがいらしてもよいように、我が家ではお雑煮の汁を大きな鍋一杯に作っておきます。鶏がらからとったスープと昆布とかつおぶしでとっただし汁を合わせた、お雑煮です。これは祖母の代からの味となっており、私には欠かせません。

お雑煮をいただくときに使う祝い箸も必ず用意します。折れにくい柳の木で作られた白木の箸で、両端が細くなっているものです。今は和紙や紅白の綺麗な紙に包まれ売られていますが、私が子供の頃は父が手作りの箸袋に納めてくれ、祝いの席に添えました。

おせちは特に変わったものは作りませんが、必ず焼き豚を加えます。大掃除が終わると煮始めるので、部屋の中におしょう油の匂いが立ち込め、暮れを感じます。

なますは柿を入れたものが好きです。そちらも記してみます。

お雑煮の汁

■材料

昆布、かつおぶし、鶏がら、長ねぎの青い部分

■作り方

① 昆布は汚れを拭き取り、はさみで切り込みを入れます。鍋に水と昆布を入れ、15分くらいつけておきます。

② ①を火にかけ、沸騰直前に昆布を取り出し、かつおぶしを入れます。煮立ってきたら、火を弱め、1〜2分煮て火を止めます。かつおぶしが鍋底に沈んできたら、布巾か、ペーパーでこします。

③ 鶏がらは沸騰した湯に入れ、表面が白くなったら、水にとり血のかたまりや脂肪を取り除きます。鍋に水、綺麗に掃除した鶏がら、長ねぎの青い部分を入れ、煮立たせます。アクが出てきたらまめに取り、火を弱めて30〜40分煮て、布巾かペーパーでこします。

④ ②、③を合わせます。

＊我が家では前もってだし汁だけを用意しておき、お雑煮を作るごとに分量のだし汁を鍋にとって、味をつけます。日によって、塩、しょう油、みりんで関東風のすまし汁にしたり、白味噌を溶いて関西風にしたり、すりごまやしょうがを加えて中華風にしたり、いろいろな味を作って楽しみます。

東京風（4人分）
だし汁……4カップ
塩……小さじ1/4
しょう油……大さじ1/2
みりん……少々

京風（4人分）
だし汁……4カップ
白味噌……大さじ5〜6
薄口しょう油…少々

中華風（4人分）
だし汁……4カップ
しょうが……薄切り2〜3枚
しょう油、塩…適量
すりごま……大さじ1
ごま油……少々

柿なます

■材料

大根、にんじん、干し柿、塩、三杯酢（米酢、砂糖、薄口しょう油）、ゆず

■作り方

① 大根、にんじんをマッチ棒くらいの細切りにします。ゆずの皮を薄くむき、千切りにします。一緒に塩でもんでしんなりさせます。

② 三杯酢を作ります。

③ 干し柿の種を取り除き、薄切りにします。

④ ①を塩気がなくなるまで水洗いし、水気を絞ります。

⑤ ④に三杯酢とゆずの絞り汁を加えて混ぜ、切った干し柿を合わせます。

＊汁ごと容器に入れて冷蔵庫で保存すれば3日はもちます。

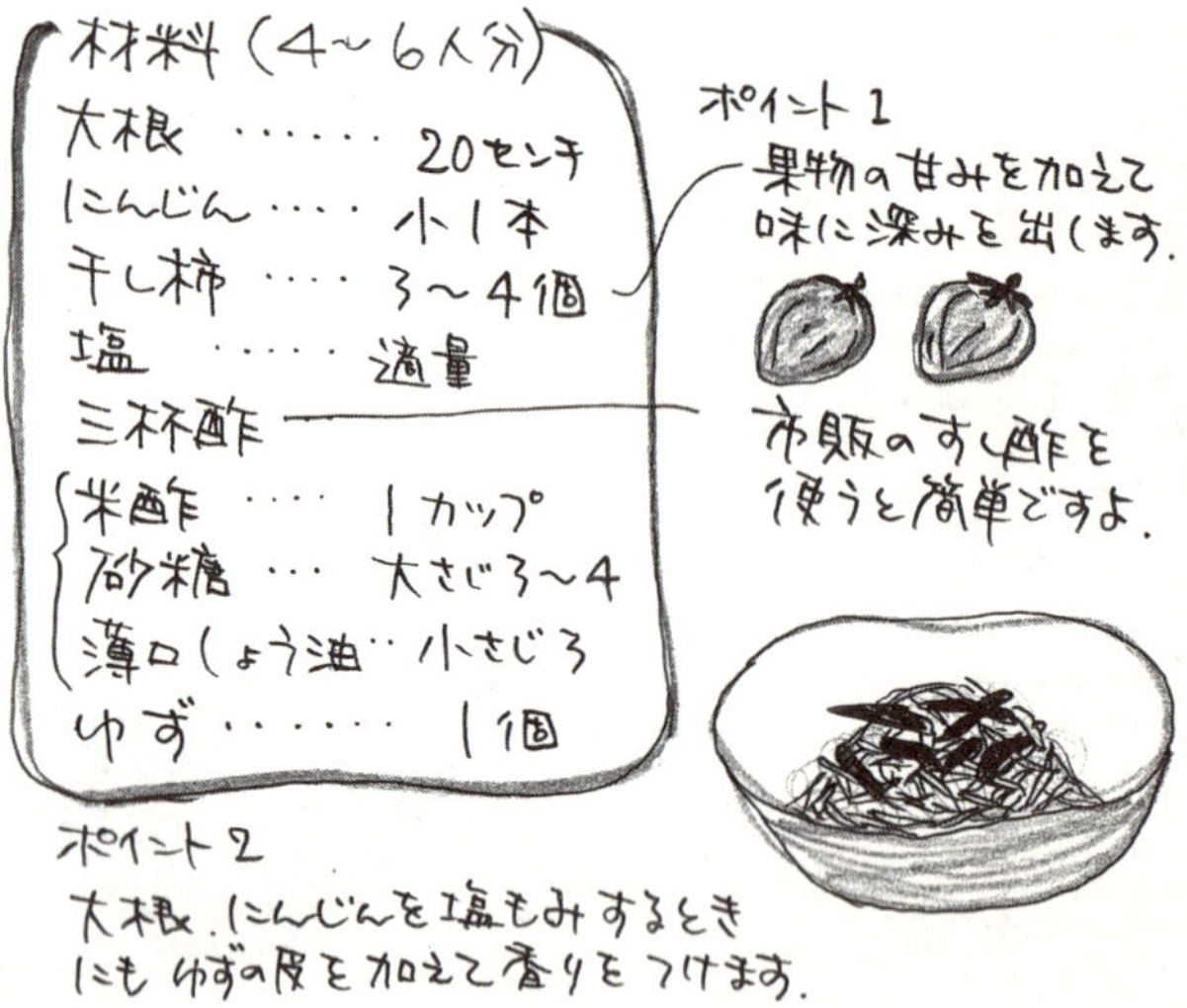
材料（4〜6人分）
大根……20センチ
にんじん……小1本
干し柿……3〜4個
塩……適量
三杯酢
米酢……1カップ
砂糖……大さじ3〜4
薄口しょう油……小さじ3
ゆず……1個
ポイント1
果物の甘みを加えて味に深みを出します。
市販のすし酢を使うと簡単ですよ。
ポイント2
大根、にんじんを塩もみするときにもゆずの皮を加えて香りをつけます。

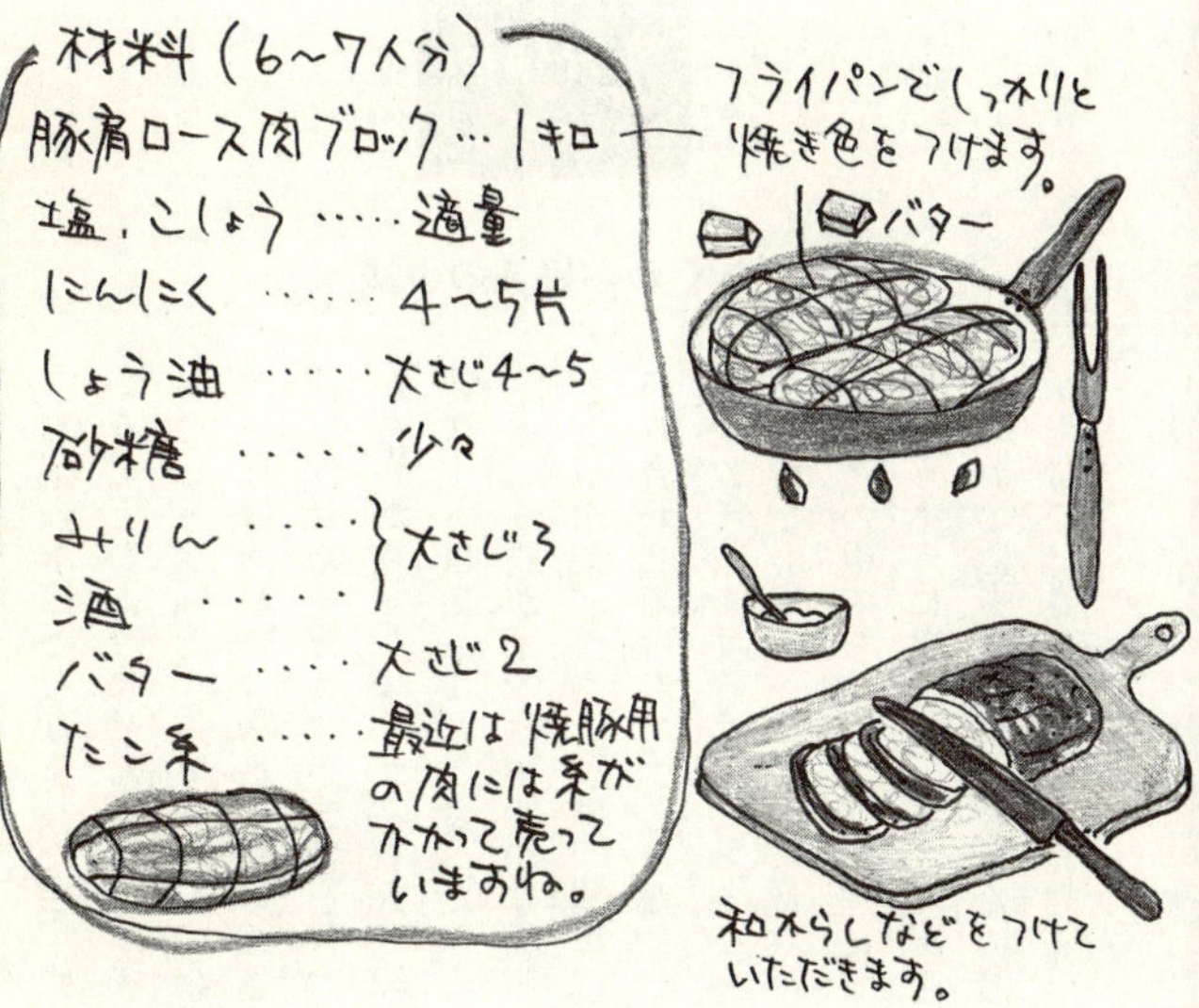
材料（6〜7人分）
豚肩ロース肉ブロック…1キロ
塩，こしょう……適量
にんにく……4〜5片
しょう油……大さじ4〜5
砂糖……少々
みりん……
酒……
大さじ3
バター……大さじ2
たこ糸……最近は焼豚用の肉には糸がかかって売っていますね。
フライパンでしっかりと焼き色をつけます。
バター
和からしなどをつけていただきます。

焼き豚

■材料
豚肩ロース肉のブロック、塩、こしょう、にんにく、しょう油、固形コンソメ、みりん、酒、バター、たこ糸

■作り方
① 豚肉にところどころ切れ目を入れて、切ったにんにくを埋め込みます。塩、こしょうをして、たこ糸をかけます。
② 鍋に水、しょう油、固形コンソメ、みりん、酒を入れ、煮汁を作ります。
③ フライパンにバターを入れ、①を焼きます。脂のある面から焼き、余分な脂を落とします。
④ 肉に焼き色がついたら、②に入れて煮込みます。時々肉を返して味を染み込ませます。
＊煮汁に五香粉や紹興酒を加えると、本格的な中華の味になりますが、お正月にはこの味でいきます。

WINTER

1月10日

（曇り）

ちくわぶ好きの小鍋

お鍋の季節となりましたが、我が家ではあまり食卓で鍋を囲むということがありません。鍋は、肉や魚や野菜がいっぺんに食べられるという意味で、作り手としてはたいへん便利な料理だと思いますが、私は何か一つ物足りないと思ってしまうのです。最後に残った汁でうどんやぞうすいまでを作ったところで、どこまでも味に変化がないからでしょうか。二人で鍋というのも問題なのでしょうか。特に主人はあれこれと食べたがるので、鍋をあまり好みません。

そこで我が家では小鍋が登場します。具も豚肉とニラ、がんもどきと小松菜、タラと豆腐、油揚げと京菜、というようなシンプルな組み合わせでほんの少しを鍋にします。これを一品のおかずとしていただくのです。

そんな小鍋の一つにちくわぶおでんがあります。主人も私もおでんの具の中でちくわぶが格別に好きなもので、いつもちくわぶを取り合うように食べていました。そんなに好きなら、ちくわぶいっぱいのおでんを作ろうと考えたのです。単純ですね。さすがにちくわぶだけではさみしいので、昆布と一緒に煮ることにしました。

ちくわぶおでん

■材料

ちくわぶ、結び昆布、だし汁、しょう油、砂糖、みりん

■作り方

① 鍋にだし汁を入れて火にかけ、しょう油、砂糖、みりんを加えて薄く味をつけます。

② ちくわぶは斜めに切ります。

③ ①に切ったちくわぶと結び昆布を加えてよく煮込みます。

④ 好みで和からしをつけていただきます。

＊結び昆布は市販のおでん用の材料として売っているものです。これを使わない場合は昆布を一度煮てから取り出し、切って結び、さらに煮込みます。

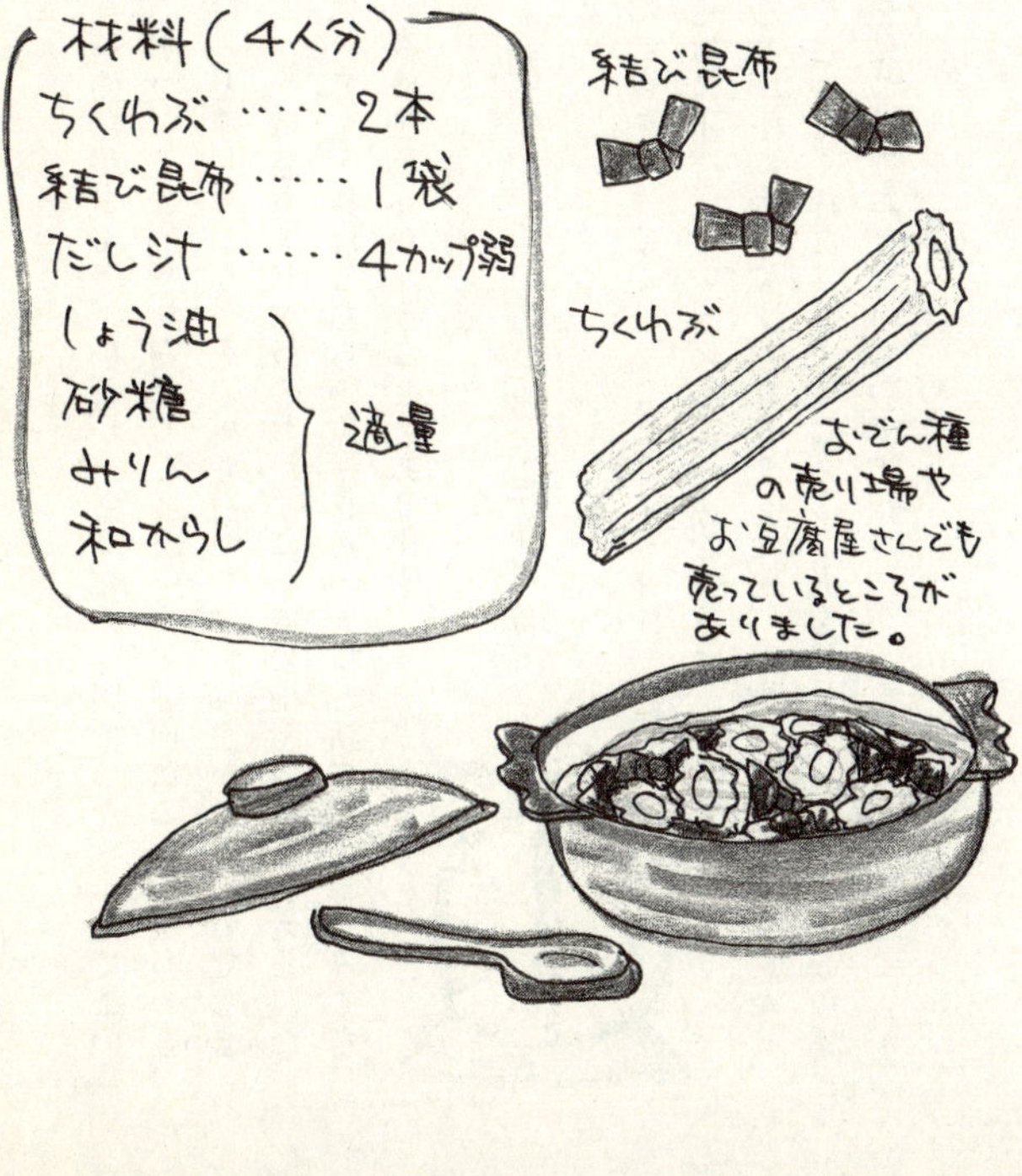
材料（4人分）
ちくわぶ……2本
結び昆布……1袋
だし汁……4カップ弱
しょう油
砂糖
みりん
和からし
適量
結び昆布
ちくわぶ
おでん種の売り場やお豆腐屋さんでも売っているところがありました。

WINTER

1月13日

（晴れ）

魚屋さんはやっぱり面白い

ご近所の魚屋さんで、小鯵が一盛り百八十円でした。十尾でこの値段ですから、とびきり安かったと思います。何かこうしたものを見つけると嬉しくなり、その場でパッとメニューがひらめいてしまいます。私は急きょお夕飯のおかずに小鯵の南蛮漬けを加えました。

それにしても、私はこちらの魚屋さんの大将と話すのが楽しみです。思わぬ調理法をうかがうこともあります。

素通りしようとすると、

「いい鯛が入っているけど、昆布〆はどう？」

なんて声をかけてくれることもあります。

最近はスーパーでいろいろなお魚を扱うようになり、手に入りやすくなりましたが、三枚におろしてくれたり、わたをとってくれたり、下ごしらえに力を貸してくれる親切な魚屋さんを見つけておきたいものですね。

鰺の南蛮漬け

■材料

小鰺、玉ねぎ、にんじん、赤唐辛子、しょう油、酢、砂糖、塩、こしょう、小麦粉、揚げ油

■作り方

① 小鰺はわたとぜいごを取り除き、ペーパーに包んで水気を取ります。

② しょう油、酢、砂糖に小口切りにした赤唐辛子を合わせて漬け汁を作ります。

③ 玉ねぎ、にんじんは千切りにし、②と合わせておきます。

④ ①に塩、こしょうをして、小麦粉をつけて、油で揚げます。骨までいただきたいので、2度揚げします。熱いうちに③に漬け込んでいきます。

＊これは漬け汁に入れてすぐにいただいても、冷やして翌日いただいても美味です。我が家では鰺が隠れるくらいに野菜をたくさん切って漬けます。

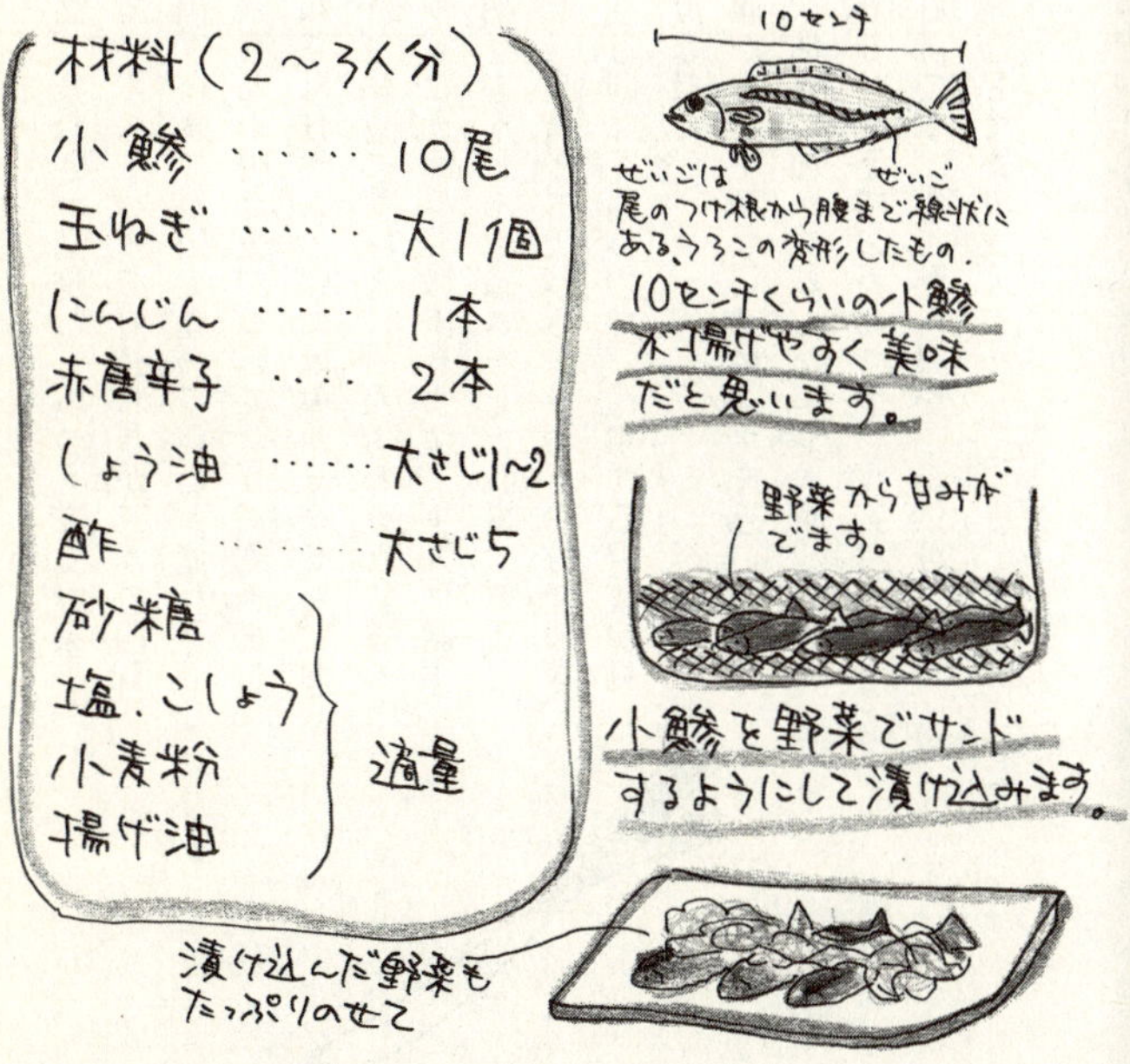
材料（2〜3人分）
小鰺……10尾
玉ねぎ……大1個
にんじん……1本
赤唐辛子……2本
しょう油……大さじ1〜2
酢……大さじ5
砂糖
塩．こしょう
小麦粉
揚げ油
適量
10センチ
ぜいごは
ぜいご
尾のつけ根から腹まで線状にあるうろこの変形したもの．
10センチくらいの小鰺が揚げやすく美味だと思います。
野菜から甘みがでます。
小鰺を野菜でサンドするようにして漬け込みます。
漬け込んだ野菜もたっぷりのせて

WINTER

1月14日

(晴れ)

お高い長ねぎにハンガーストライキ

突然、長ねぎが高騰し、いつも安く野菜を売っているスーパーでも長ねぎが二本で四百九十円、今まで百円で売っていた万能ねぎも一束三百九十円と値がついており、驚きました。ねぎは日本人の朝には欠かせません。お味噌汁、納豆の薬味といったらねぎと決まっており、こう高くては困ります。主人に話すと、納豆もうどんもねぎなしで我慢するよとのこと。長ねぎに代わるあさつきや万能ねぎ、青ねぎも同じく高いので、代用する野菜が見当たりません。

立腹がもとで新しいメニューを思いつきました。納豆に細かく刻んだエシャロットをねぎ代わりに和えてみたのです。主人にも、とても好評です。なんだか得をした気分になった単純な私であります。

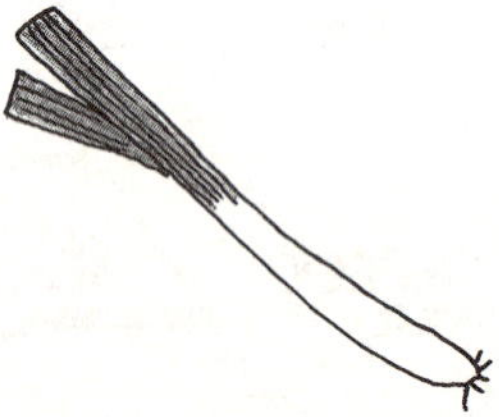

エシャロット納豆

■材料

納豆、エシャロット、卵黄、海苔、しょう油

■作り方

① エシャロットをみじん切りにします。

② 納豆、刻んだエシャロット、卵の黄身、もみ海苔、しょう油を合わせて混ぜます。

エシャロット
ご飯にたっぷりと
エシャロット納豆をのせて、
海苔で巻いていただいても
おいしいですよ。

WINTER

1月17日

(晴れ)

猫の絵を前にサーモンを切る

恵比寿にある猫の絵ばかりを集めたギャラリーをのぞきに出かけました。南フランスに住むジュリエット・ラマドという方が黒猫の絵をとても愛らしく描いており、我が家に飾りたくなってしまいました。

長野の実家では猫を五匹飼っており、我が家もつい最近まで海外出張に出かけた友人の猫をしばらく預かっていたほどの猫好きです。猫はツンとしていて冷たい雰囲気がありますが、人間に甘えるタイミングを知っており、その絶妙な甘え方が飼い主をメロメロにしてしまいます。

一時間迷いに迷って考えたあげく、一枚を手にして帰りました。お昼はその絵を前に、サーモンの冷たいスパゲッティをいただきました。チャッピーが怒りそうですね。

サーモンと海草の冷たいスパゲッティ

■材料
スモークサーモンまたはお刺身サーモン、海草（ワカメ、赤とさかのり、青とさかのりなど）、玉ねぎ、ケッパー、フレンチドレッシング、スパゲッティ、塩

■作り方
①　サーモンは一口大に切ります。塩漬けになっている海草は水でもどしてから、切ります。玉ねぎは薄くスライスして、水にさらしておきます。
②　ケッパーをみじん切りにし、ドレッシングに合わせます。
③　塩を入れた湯でスパゲッティをゆでます。ざるにあげ、冷水にとって冷やします。
④　①、②、水気をきった③を混ぜ合わせて出来上がりです。
＊スパゲッティを冷たくする場合は、アルデンテで上げずに、指定時間通りにしっかりとゆでます。

サラダのような
スパゲッティです。
今日はガーリックトーストを
添えていただきました。

WINTER

1月27日

（晴れ）

本当に玉ねぎしかなかったなら

主人が夜中に突然友人を連れて帰ってきました。家で飲み直すというのです。

電話一本くれたらお客様にも……と考えるのは、どちらのお宅でも同じでしょうか？

あわてて冷蔵庫にあるあり合わせのもので軽いおつまみを作りました。この玉ねぎ焼き、見てください。この材料です。本当に、本当に、何にもないときに、やはり主人がお客様を連れてきたことがあり、苦肉の策で思いついたものです。人間追い詰められると頭が働くものです。ちょっと自慢のメニューなんですよ。

玉ねぎ焼き

■材料
玉ねぎ、塩、こしょう、小麦粉、かつおぶし、油

■作り方
① 玉ねぎを1~2センチの厚さの輪切りにし、両面に軽く塩、こしょうをして、小麦粉をまぶします。
② 熱したフライパンに油を入れ、①を両面こんがりと焼きます。
③ 焼きたてにかつおぶしをふりかけ、好みでしょう油をかけていただきます。
＊これが不思議とタコ焼きの味がするのです。なぜでしょう。

あまりにもシンプルな料理なので、絵柄の美しい染めつけ皿に盛ってみました。

枝で編んだチーズトレイにのせてみました。

ツナとトマトのカナッペ

■材料
ツナ缶、トマト、玉ねぎ、アンチョビ、ピクルス、マスタード、マヨネーズ、塩、食パン

■作り方
① 玉ねぎとピクルスをみじん切りにし、油をきったツナとマヨネーズと合わせます。
② トマトは種を取り除き、さいの目に切っておきます。
③ 食パンは耳を落とし、一口サイズに切り、マスタードを塗っておきます。
④ ③に①と②をそれぞれのせ、トマトの上にはアンチョビをのせて、トースターで軽く焼きます。

WINTER

1月30日

(晴れ)

豆豉《トウチイ》を使って初のメニュー

仕事の打ち合わせで目黒通りにある中華料理のお店で、ランチをとりました。『大鴻運天天酒樓』という店でご存じの方も多いでしょう。私はここのニラ饅頭がとても気に入っております。今日はスペアリブの豆豉蒸しという新しい一皿にも満足し、帰宅後さっそく作ってみました。

豆豉は大豆を発酵させて、塩を加えて熟成させた中華独特の調味料です。日本の塩辛い納豆、浜納豆に似ています。濃いしょう油のような風味で、白身魚や海老など魚介類の炒め物などによく使われます。塩気がかなり強いので他の調味料との配分にはくれぐれも注意したほうがよさそうです。

今回はお肉に味をなじませてから蒸し上げたので、塩気が柔らかく仕上がりました。

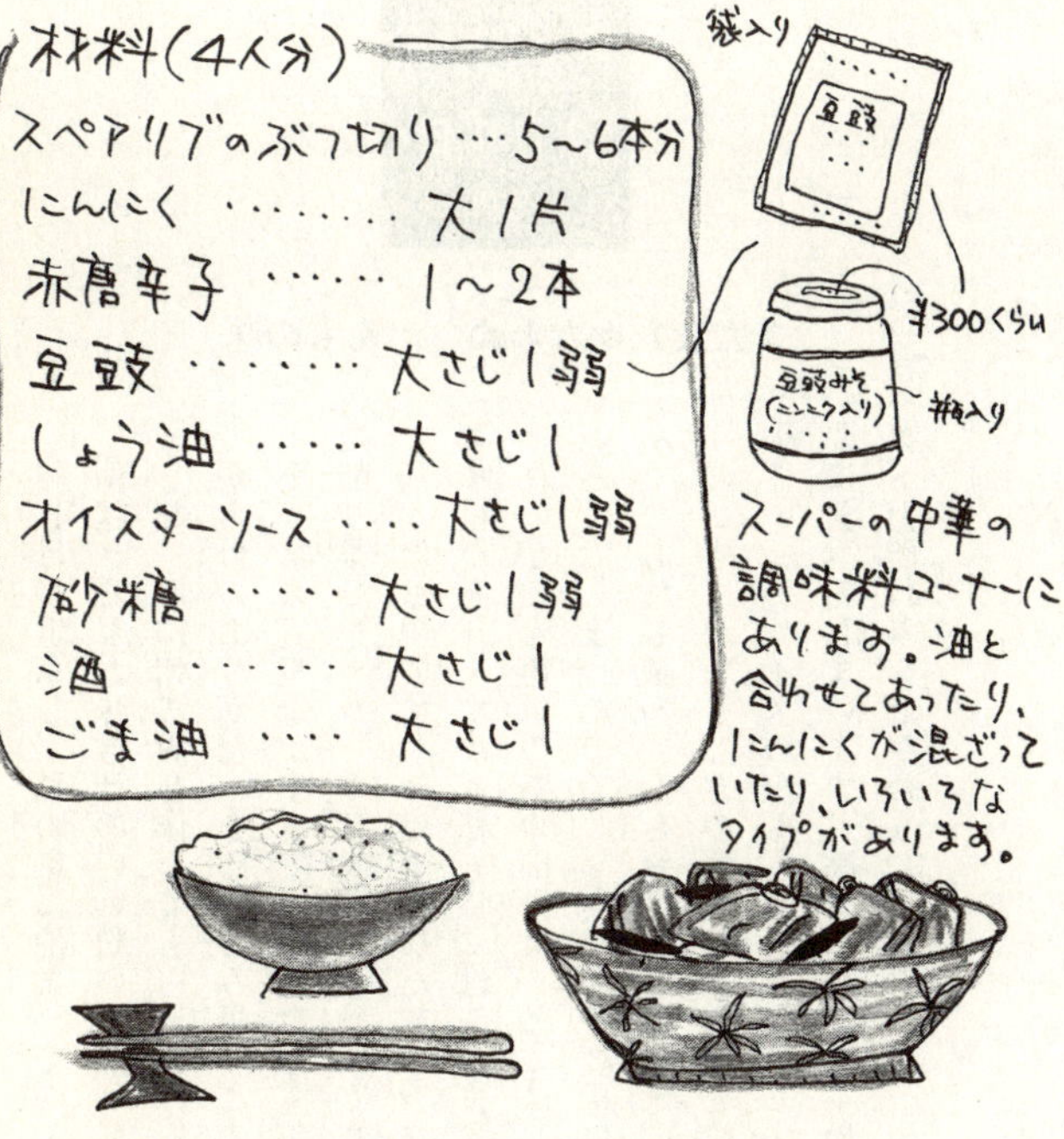
材料（4人分）
スペアリブのぶつ切り……5〜6本分
にんにく ………大1片
赤唐辛子 ……1〜2本
豆鼓 ………大さじ1弱
しょう油 …… 大さじ1
オイスターソース ……大さじ1弱
砂糖 ……大さじ1弱
酒 ………大さじ1
ごま油 …… 大さじ1
袋入り
豆鼓
￥300くらい
豆鼓みそ（ニンニク入り）
瓶入り
スーパーの中華の調味料コーナーにあります。油と合わせてあったり、にんにくが混ざっていたり、いろいろなタイプがあります。

スペアリブの豆鼓蒸し

■材料

スペアリブのぶつ切り、にんにく、赤唐辛子、豆鼓、しょう油、オイスターソース、砂糖、酒、ごま油

■作り方

① にんにくをすりおろします。赤唐辛子は小口切りにします。豆鼓は粗く刻みます。

② ①と調味料と肉を合わせてよく混ぜ、しばらくおきます。

③ 深めの器に②を入れ、強火で蒸します。

＊蒸すと肉汁が結構出るので、深めの器を用意します。肉汁がまた美味で、主人はこの汁をご飯にかけておりました。お恥ずかしいですが。

WINTER

2月7日

（曇り）

まだまだかなわぬ　がんもの味

昨日母が上京し、私の家に泊まってゆきました。

朝起きるとお味噌汁のいい匂いが漂っており、いい気分で目覚めました。母に朝ご飯を作ってもらえるなんて幸せです。家庭を持ってから母のありがたみをしみじみ思うこの頃です。

そう言えば祖母が生きていた頃には、毎朝かつおぶしを木でできた削り器でシャッ、カリッ、シャッ、カリッ、と削ったものです。今は手軽なだしパックや調味料がありますが、私も時には削ります。それにしても祖母のあの旧型は、どこにしまい込んでしまったのでしょうか。今度母に頼んで、あれも譲ってもらおうと思います。

おかずにがんもどきの煮つけも作ってくれました。我が家では、小さい一口サイズのがんもどきで作ります。十個煮てもアッという間に食べてしまいます。添える野菜は小松菜やいんげん、チンゲン菜、万能ねぎなどが合うのでは。

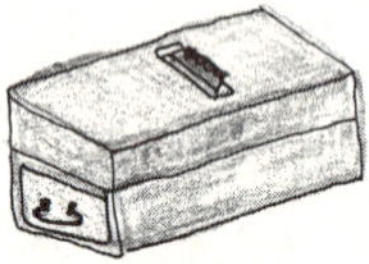

がんもの煮つけ

■材料
がんもどき、ほうれん草、だし汁、しょう油、砂糖、みりん

■作り方
① がんもどきは一度熱湯をかけて油抜きをします。ほうれん草は下ゆでしておきます。
② だし汁に①のがんもどきを入れ、砂糖、みりんを加えて煮ます。一煮立ちしたら、しょう油を加え、落としブタをして味を煮含めます。
③ ①のほうれん草を一口大に切り、②に入れて一煮立ちしたら出来上がりです。

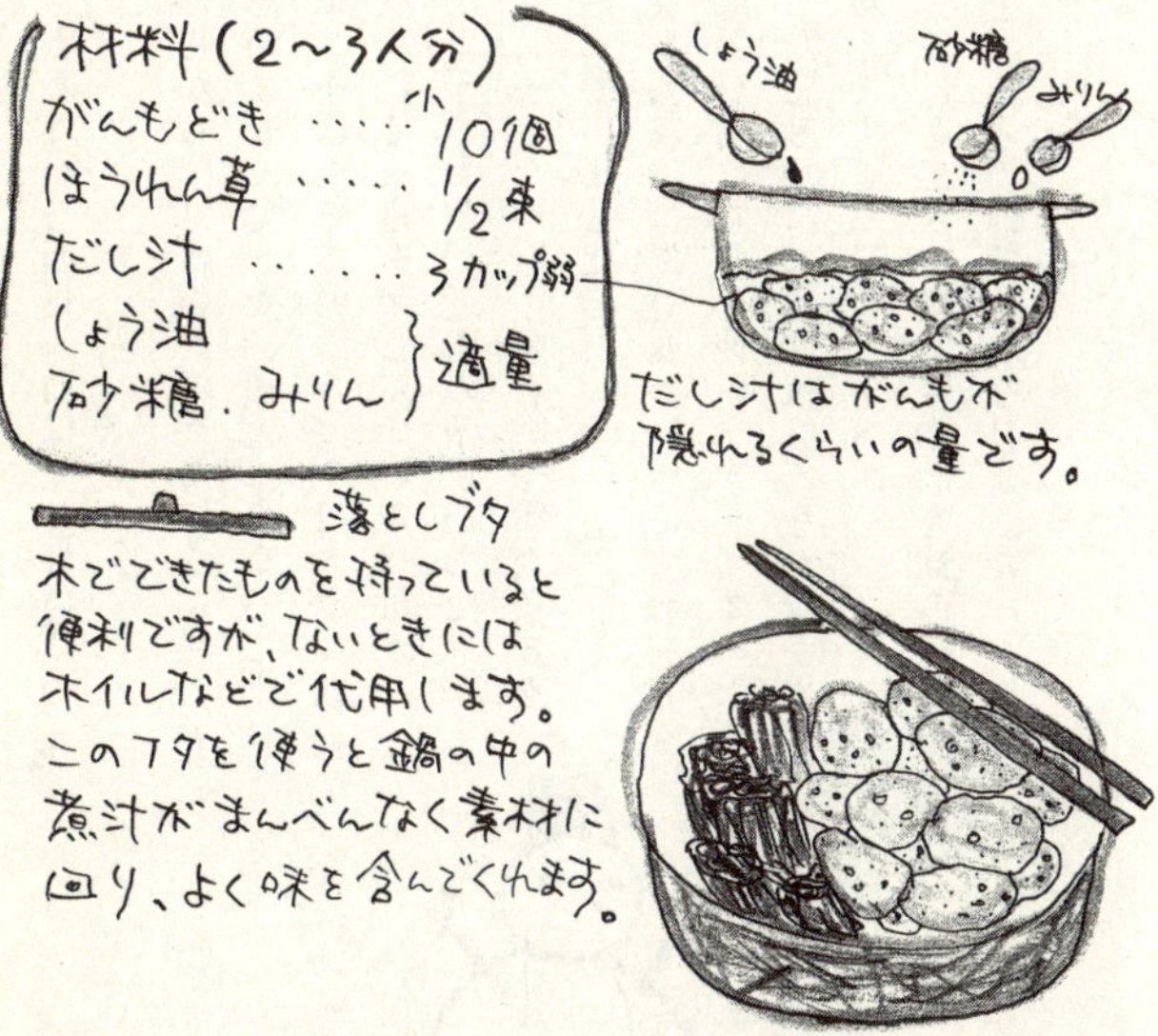
材料（2〜3人分）
がんもどき……小10個
ほうれん草……1/2束
だし汁……3カップ弱
しょう油
砂糖．みりん }適量
しょう油
砂糖
みりん
だし汁はがんもが隠れるくらいの量です。
落としブタ
木でできたものを持っていると便利ですが、ないときにはホイルなどで代用します。このフタを使うと鍋の中の煮汁がまんべんなく素材に回り、よく味を含んでくれます。

WINTER

2月12日

（雪）

雪の日にとろーりとしたもの

朝起きると外が一面真っ白に光り輝いていました。

昨日の夜から降り続いた雪がこんなに積もるとは思いませんでした。積雪は東京で二十～三十センチはあるでしょうか。せっかく雪から解放されて東京を楽しんでいた母はがっかりしたようですが、近所の子供たちだけが大声ではしゃぎながら、雪合戦や雪だるまを作って遊んでいました。

こんな日の夜には湯豆腐がいいですね。我が家では湯豆腐にくずを使います。くずのとろりとした感触が口の中に残り、なかなか上品に味わえます。

雪の日に母と二人で軽く日本酒を飲み、温かい鍋を囲み、よい気分となりました。

くず湯豆腐

■材料

豆腐、くず粉または片栗粉、昆布、しょう油、かつおぶし、ねぎ、しょうが

■作り方

① ねぎはみじん切り、しょうがはすりおろします。しょう油、かつおぶしと合わせてつけ汁を作ります。

② くず粉をすり鉢で粗くつぶします。豆腐を食べやすい大きさに切り、表面にくずをまぶしつけます。

③ 鍋に昆布を敷き、水を注いで煮立てます。

④ 一煮立ちしたら、①を入れた耐熱器を真ん中において、まわりに豆腐を入れます。

*くずをつけると、豆腐がよりプリプリ、ツルンとなめらかになり、冷めにくくなります。

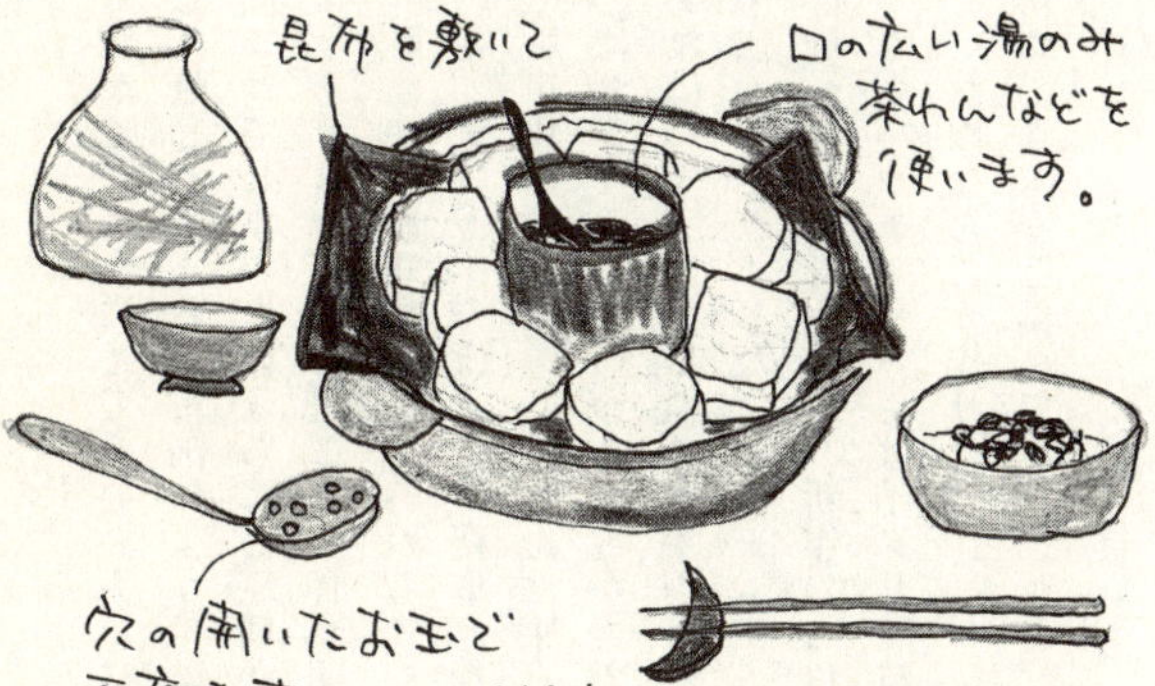
昆布を敷いて
口の広い湯のみ茶わんなどを使います。

穴の開いたお玉で
豆腐をすくって、つけ汁につけていただきます。
我が家では、つけ汁も温かくするために
お鍋につけ汁の器を入れてしまいます。
このつけ汁を薄めたいときには、昆布のだしが
出ている鍋のつゆを加えましょう。

WINTER

2月13日

(晴れ)

お魚にだって　オオ！　カルパッチョ

昨日の雪が嘘のようにとてもいい天気になりました。お日様が雪に反射して眩しく、まるで雪国のようです。

雪が固まってしまわないうちにと、朝からご近所中雪かきで、コンクリートをガリッガリッとこする音が聞こえます。私も車が駐車場から出られなくなると困るので、スコップやほうき、塵取りなどを使って駐車場の雪かきをしました。東京の雪にしてはサラサラで軽いわよ、雪かきの道具さえあればねぇ、と母は慣れた手つきで雪かきを手伝ってくれました。

夕飯は母へのお礼もかねて、新作のお魚のカルパッチョを披露しました。カルパッチョといえばイタリア料理の中でも人気のあるメニューで、お肉ならこう作ります。

母は初めて食べると喜んでくれました。

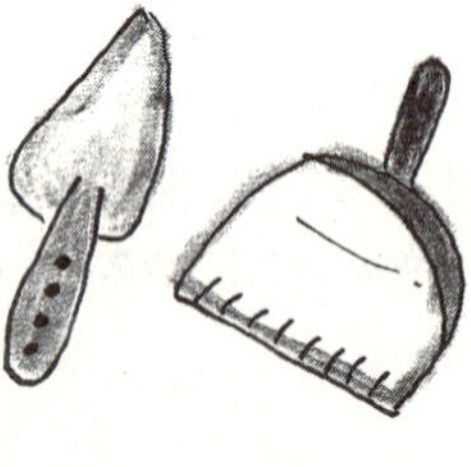

お魚のカルパッチョ

■材料
マグロ赤身（刺身用）または白身の刺身、シブレット、塩、こしょう、バルサミコ、白ワインビネガー、オリーブオイル

■作り方
① マグロの赤身を薄く切ります。ラップにはさんで麺棒などでマグロを薄くのばします。
② 白ワインビネガー大さじ1、オリーブオイル大さじ3、塩、こしょう、バルサミコ少々を混ぜ合わせ、ドレッシングを作ります。
③ ①を皿に並べ敷き、②をさっとまわしかけて、シブレットを長いまま飾ります。
＊和風にワサビを利かせたしょう油ドレッシングをかけても美味しかったです。

金物屋さんで
¥1,500でした。
先日カルパッチョに
とっても適した肉たたきを
見つけました。少々重く
小型のアイロンのような
形をしています。これで
たたくとあっという間に
薄くなり、驚きました。
ラップ
お刺身をラップではさみ、
麺棒やすりこぎ、ビール瓶などで
たたき、薄くのばします。
スパイスやシブレットなどの
生ハーブを飾りましょう。

カルパッチョ

■材料
脂身のない牛薄切り肉（生食用）、塩、こしょう、レモン、ロケット（ルコラ）またはマーシュ、パルメザンチーズのかたまり、オリーブオイル

■作り方
① 薄切り肉をラップではさみ、麺棒などでさらに薄くのばします。
② お皿に①を敷きつめ、やや強めに塩、こしょうをふり、オリーブオイルを少々かけます。上に皮むき器で薄く削ったチーズとちぎったロケットを盛りつけて出来上がり。レモンをたっぷり絞っていただきます。
＊ついこの間、カルパッチョを作ったときには、チーズを買い忘れ、オリーブオイルをかけ忘れ、と忘れ物が多いまま、お客様にお出ししたところ、意外とあっさりとしていて、これまた好評でした。ロケットの味がひき立つようです。和食の献立にも合いますね。

生食用の牛肉を置いていないお肉屋さんもあります。

生食用を扱っているお肉屋さんを見つけるのが、この料理のポイントかもしれません。

ロケット

南ヨーロッパ原産の一年草。ごまの香りとクレソンの苦みを合わせたような不思議な味わいのハーブです。イタリアではルッコラ、ルコラ、ルケッタと呼ばれており、カルパッチョやピザには欠かせないハーブです。

ハーブのお話

ロケットやマーシュのようなハーブはヨーロッパではもともと家庭の常備薬で、風邪をひいたり、安眠したいときにハーブを熱いお湯に浸して飲んでいました。それが段々香りや味を楽しむようになり、お茶や料理に使われるようになったそうです。日本で言えばしょうがやワサビ、しそが薬味と呼ばれているのと同じですね。

東京にいると珍しいハーブやスパイスはすぐに見つかりますが、私の実家のある長野では百貨店まで行かないと買うことができません。百貨店でもないものもあります。母などは探すのが大変なのよとぼやいておりましたが、探すのを楽しんでいるようにも見えました。自分の街で売っている場所を見つけたときには本当に嬉しいものです。素材を揃えることも料理なのですから、大いに楽しんで探して手に入れてくださいね。

私はまだこんなにハーブやスパイスがスーパーに揃っていなかった頃、狭いベランダでしたが、プランターで自家栽培したこともありました。ハーブは苗を利用すると意外と簡単に育てることができます。香りのせいでしょうか、虫もつきにくく、強い植物ですから、お店で見つからないときは育ててみるのも手ですね。

WINTER

2月14日

（晴れ）

今さらバレンタインなんて……と思いまして

バレンタインデーといっても結婚して六年もたつと、照れてしまいます。主人には夕飯あとにホットチョコをアイスクリームにかけたデザートを出し、チョコレートの代わりとしました。

サボったわけではありません。この時期にチョコレートを買いに出かけると、売り場に女の子たちが溢れゆっくり品定めもできず、時間ばかりかかってしまいます。それなら、自宅で簡単なケーキやムース、スフレを作ってプレゼントしてあげたほうが素敵だと思うのですが、やはり弁解でしょうか。

ホットチョコアイスクリーム

■**材料**
板チョコ、生クリーム、ラム酒、バニラアイスクリーム、ミント

■**作り方**
①　板チョコを細かく刻みます。
②　鍋に生クリームを入れ、火にかけ、①を少しずつ加えながら溶かします。
③　②にラム酒を加えます。
④　いただく直前に冷たいアイスクリームにかけ、ミントを飾ります。
＊市販のチョコクリームを使うと、煮溶かす手間が省けます。

生クリーム
板チョコ
焦がさないよう気をつけて
チョコレートを溶かします。
耐熱グラスや
茶わんに、
アイスクリームを
盛りつけても
ステキです。
茶托
ミントを飾って♡

WINTER

2月17日

（晴れ）

鰻屋さんの鶏わさに挑戦

先日鰻屋さんでいただいた鶏わさの味が忘れられなくて、鶏肉屋さんで鮮度のよいささみを買い、作ってみました。

鰻屋さんや蕎麦屋さんには必ずといっていいほどうまい卵焼きや鶏わさがあるのはなぜでしょう。主役の鰻や蕎麦よりもつまみを目当てに出かけることもあるくらいです。

ささみはささの葉のような形をした、柔らかい胸の肉のこと。脂身がなく鶏のなかでも一番淡泊な部位です。ゆでたり、蒸したりして火を通し、手でさいてサラダや和え物によく使います。脂肪がないので、下手をするとうまみが抜けてパサパサになってしまうことがあり、扱いがむずかしいお肉ではありますね。

■鶏わさ

■材料

鶏ささみ、きゅうり、三つ葉、ワサビ、薄口しょう油

■作り方

①　ささみは筋を取り、サッと湯に通し、氷水に落として水気をふき取ります。

②　きゅうりは千切りにします。三つ葉は粗く刻み、熱湯をかけておきます。

③　①を薄くそぎ切りにし、きゅうりと三つ葉と合わせて、薄口しょう油とおろしワサビで味をつけます。

＊ささみは中まで火を通さず、半生でいただくので鮮度のよいものを使います。鶏肉屋さんでそうできるかどうか聞いてから買ってください。

しゃぶしゃぶ
冷水にとります。
水気をふきます。
氷水
フキン
ポイント1
ささみに火を通しすぎないこと。
三つ葉
きゅうり
ワサビ
しょう油
ポイント2
しょう油はほんの少々。
三つ葉とワサビの香りと味を生かすところがミソです。
ポイント3
味をつけるのは、いただく直前に。
合わせてしばらく置くと、
水気が出てきてしまいます。

WINTER

2月20日

（曇り）

初春の豆ご飯

外に出るとなんとなく春の温かさが漂っているように感じます。ご近所の庭先に植えられている沈丁花も、微かに香ってきました。この匂いがすると、春がそこまできていることを実感します。

お夕飯は春らしく、グリンピースの豆ご飯にしてみました。このご飯のポイントは日本酒を加えて豆の青臭さを取ることです。豆とご飯を一緒に炊くと、少々豆の色が悪くなりますが、ご飯に豆の香りと味がよくなじみます。気になるときはグリンピースを塩ゆでしておき、ご飯を蒸らすときに合わせます。

ところでグリンピースと言えばさやから出して豆を食べますが、最近はさやえんどうとグリンピースをかけあわせたようなスナップえんどう、おつまみ豆と呼ばれる、さやごと食べる品種があります。これはさやの柔らかさと豆のプチップチッとした感触と青い味が両方楽しめるおすすめのえんどうです。夏場に出る枝豆のようにビールのおつまみに最高ですよ。

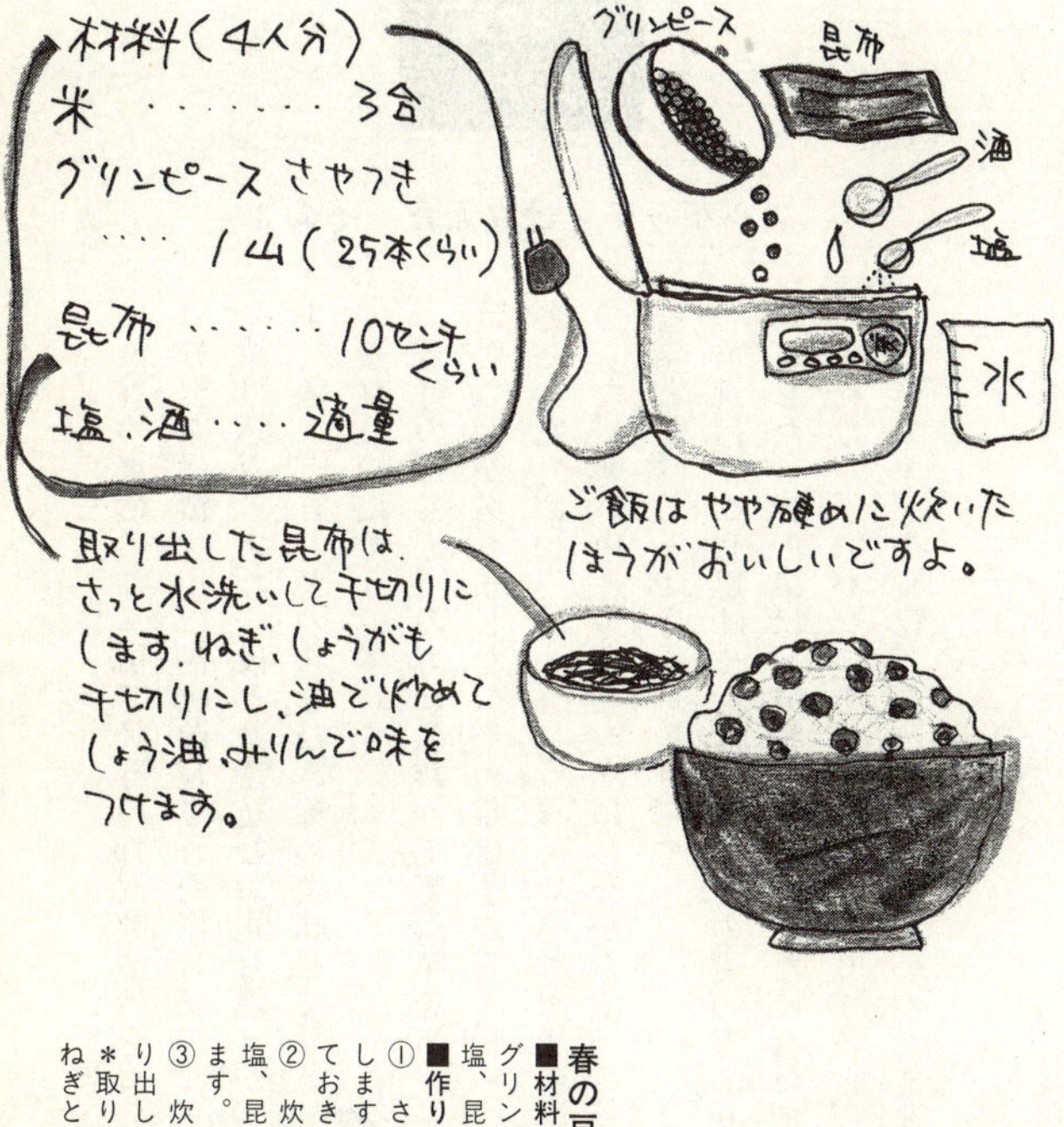
材料（4人分）
米 ……… 3合
グリンピース さやつき
…… 1山（25本くらい）
昆布 ……… 10センチくらい
塩.酒 …… 適量
取り出した昆布は.
さっと水洗いして千切りに
します.ねぎ、しょうがも
千切りにし、油で炒めて
しょう油.みりんで味を
つけます。
グリンピース
昆布
酒
塩
水
ご飯はやや硬めに炊いた
ほうがおいしいですよ。

春の豆ご飯

■材料
グリンピース（さやつき）、米、塩、昆布、酒

■作り方
①さやからグリンピースを出します。米を研ぎ、ざるにあげておきます。
②炊飯器に米、グリンピース、塩、昆布、酒、水を入れて炊きます。
③炊き上がったら、昆布を取り出し、軽く混ぜます。
＊取り出した昆布はしょうがとねぎと一緒に炒めてみました。

WINTER

2月25日

（晴れ）

スパゲッティは立派だ　その3

渋谷の東横のれん街で長野の野沢菜漬けを買いました。

野沢菜は漬物用に品種改良された漬け菜です。霜の降る頃に収穫し漬け込み、また一段と冷え込むお正月過ぎからが食べ頃になります。寒さが野沢菜の味をひき締め美味しくしてくれるのだそうです。

長野の母も近所の方に教わって野沢菜を漬けたことがありました。その年は運が悪く暖冬だったために思うようにうまくいきませんでした。寒い中、手を真っ赤にしながら漬けないと美味しくできないそうです。

最近はワサビ風味やしょう油漬けのものもあり、味の楽しみも増えました。野沢菜はお漬物としていただくだけでなく、チャーハンに入れたり、スパゲッティにまぶしたりすると、またひと味違った味わいです。今日は、スパゲッティでいただきました。

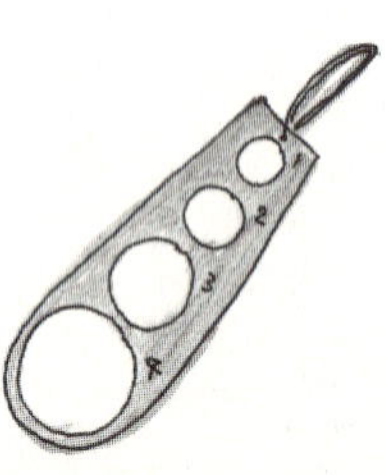

卵の黄身はお好みです。私は漬物だけでは物足りない気がして、黄身を落としてみました。味がまろやかになりますね。
必ずスパゲッティはオリーブオイルで軽く炒めてください。漬物と混ざりやすくなり、スパゲッティもパサつきませんよ。

野沢菜入りスパゲッティ

■材料

野沢菜、しば漬け、きゅうりの古漬け、卵、かつおぶし、白ごま、海苔、スパゲッティ、オリーブオイル

■作り方

① 漬物を細かく刻みます。

② スパゲッティをゆであげ、軽くオリーブオイルで炒めます。

③ 器に盛り、その上に①、卵の黄身、かつおぶし、白ごま、海苔を盛りつけます。全体を混ぜながらいただきます。

＊好みでしょう油をたらします。

春

SPRING

3月1日
(曇り)

胃袋をバケツにして貝をバクバク

晩酌のおつまみにアサリと豚肉の酒蒸しを作りました。アサリだけのワイン蒸しや酒蒸しはよくありますが、豚肉が貝によく合うのです。

ところで、貝のお料理を作ると思い出すのがベルギーでいただいたムール貝です。ベルギーのアントワープという港町のレストランに入ると、ほとんどのテーブルのお客さんが高さ三十センチほどのバケツのような器を一人一つずつ抱え込み、その中にあふれんばかりに入っている黒い貝を頬張っていました。

その貝の正体はワイン蒸しのムール貝で、塩味、バター味、にんにく入り、カレー味、ハーブ入りなどがあり、好みの味を選びます。揃えるように一人一バケツを抱えて食べました。私は半分も食べないうちにおなかが一杯になり、やむなく残してしまいましたが、本当はムール貝は前菜で、それからみなさんお肉やお魚の料理をいただくのだそうです。

彼らの胃袋の大きさはバケツ以上なんだなと思いました。自分がチビな原因が分かったような気がしました。

アサリと豚肉の酒蒸し

■材料
アサリ(殻つき)、豚肉、玉ねぎ、にんにく、塩、こしょう、オリーブオイル、ローリエ、赤唐辛子、酒、パセリ

■作り方
① アサリは砂出ししておきます。玉ねぎ、にんにくは粗いみじん切りにします。豚肉は細切りにします。
② フライパンにオリーブオイルを入れ、にんにく、玉ねぎを炒め、香りが出てきたら豚肉を加えて、軽く塩、こしょうをしてさらに炒めます。
③ ②をいったんフライパンから取り出し、残っている油で水気をきったアサリを炒めます。アサリに油が回ったら、ローリエ、赤唐辛子、酒を加えてフタをし、蒸し焼きにします。
④ アサリの口が開いたら、②をもどして軽く合わせて、味を調えて刻みパセリを加えます。
＊もっとコクを出したいときにはバターを加えます。酒の代わりに白ワインでも構いません。

アントワープのレストランのムール貝はこんな感じでした。すごい迫力でしょ！

アサリをふっくらとやわらかく仕上げるためには、アサリの口が開いたら、手早く味を調えることです。ぐずぐずしているとアサリが縮まり、小さくなってしまいます。

材料（4人分）

アサリ（殻つき）	500グラム
豚肉	200グラム
玉ねぎ	1/2個
にんにく	大1片
塩、こしょう、オリーブオイル、ローリエ、赤唐辛子、酒、パセリ	適量

SPRING

3月3日

（晴れ）

八十歳になっても？　雛祭り

雛祭りの日には、毎年ちらし寿司を作ると決めています。これは八十歳になっても、女性として生きている限り続けようと思っております。お恥ずかしい。

朝から野菜を煮つけたり、錦糸卵を作ったりして、一日かけて雛祭りを楽しみます。冷酒に梅の花びらを浮かべて乾杯しました。

五目ちらし寿司

■材料
米、昆布、合わせ酢（米酢、砂糖、塩）Aかんぴょう、干ししい茸、しょう油、砂糖、みりん、塩　Bれんこん、砂糖、酢　C海老、酒　Dさやいんげん、またはさやえんどう、にんじん、塩　E卵、塩、油／ちりめんじゃこ、しその葉、いくら、紅しょうが、三つ葉、海苔

■作り方
A　かんぴょうは水でもみ洗いしてから、塩をふってさらにもみます。たっぷり水をはった鍋に入れて、ふっくらするまでゆで、細かく切ります。しい茸はぬるま湯につけてもどしてから薄切りにします。鍋に水、しい茸のもどし汁、切ったかんぴょう、しい茸、しょう油、砂糖、みりんを入れて、落としブタをして煮汁がなくなるまで煮ます。

B　れんこんは皮をむき、縦八つに切って、小口から薄く切ります。酢水にしばらくつけておきます。鍋に切ったれんこん、砂糖、酢を加えて煮ます。

C　鍋に酒を入れ、火にかけてアルコール分をとばします。そこに殻つきの海老を加えて炒め煮します。冷めてから殻を取り、縦半分に切ります。

D　にんじんは千切りにし、塩ゆでします。さやいんげんは塩ゆでしてから、斜め薄切りにします。

E　卵に塩を加えてよく溶きほぐします。フライパンに油をなじませ、余分な油をペーパーで拭きとり、薄焼き卵を焼きます。冷めたら、千切りにして錦糸卵を作ります。

①　米は昆布を入れて炊きます。合わせ酢を作り、炊けたご飯に加えて切るように混ぜ合わせます。

②　煮汁をきったAとB、水気をきったD、ちりめんじゃこ、千切りにしたしその葉を混ぜ合わせます。

③　器に盛りつけ、いくら、紅しょうが、C、E、三つ葉、海苔をちらします。海老、いくらのほかに、しょう油漬けにした赤身のマグロや昆布〆にした白身の魚などをあしらうと、これまた豪華になります。

SPRING

3月12日

(曇りのち雨)

鍋の席に持参する一品

友人宅で鶏鍋をごちそうになりました。朝から煮込んだ鶏がらのスープに鶏もも肉、鶏つくね、白菜、春菊などの野菜を入れ、しょうがと長ねぎを入れたぽん酢のタレでいただきました。最後に鶏の濃厚なだしが出たスープで作った雑炊の味には幸せを感じました。

しっかり時間をかけてだし汁をとると、一言で鍋料理と片づけられなくなります。こんなに手のかかった鍋を、簡単に今日は鍋にしよう、と出す友人に粋をみました。

私は彼女からの要望でワカサギのから揚げを持参しました。冷めると美味しくないので、下ごしらえをしてうかがい、台所を借りて揚げました。

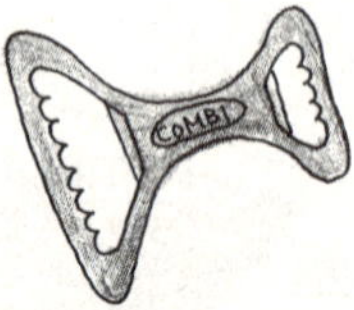

ワカサギのから揚げ

■材料
ワカサギ、塩、こしょう、小麦粉、揚げ油、レモン

■作り方
① ワカサギはペーパーなどで水気を取り、塩、こしょうをして、小麦粉をまぶします。
② 鍋に揚げ油を入れて火にかけ、箸を入れて泡がシュワシュワと出るぐらいの中温になったら、①を入れて揚げていきます。いっぺんに入れると油の温度が下がるので、気をつけます。揚げたてにレモンを絞っていただきます。
＊小さいものなら、1分もしないうちに揚がりますが、やや大きいものは2度揚げするといいでしょう。

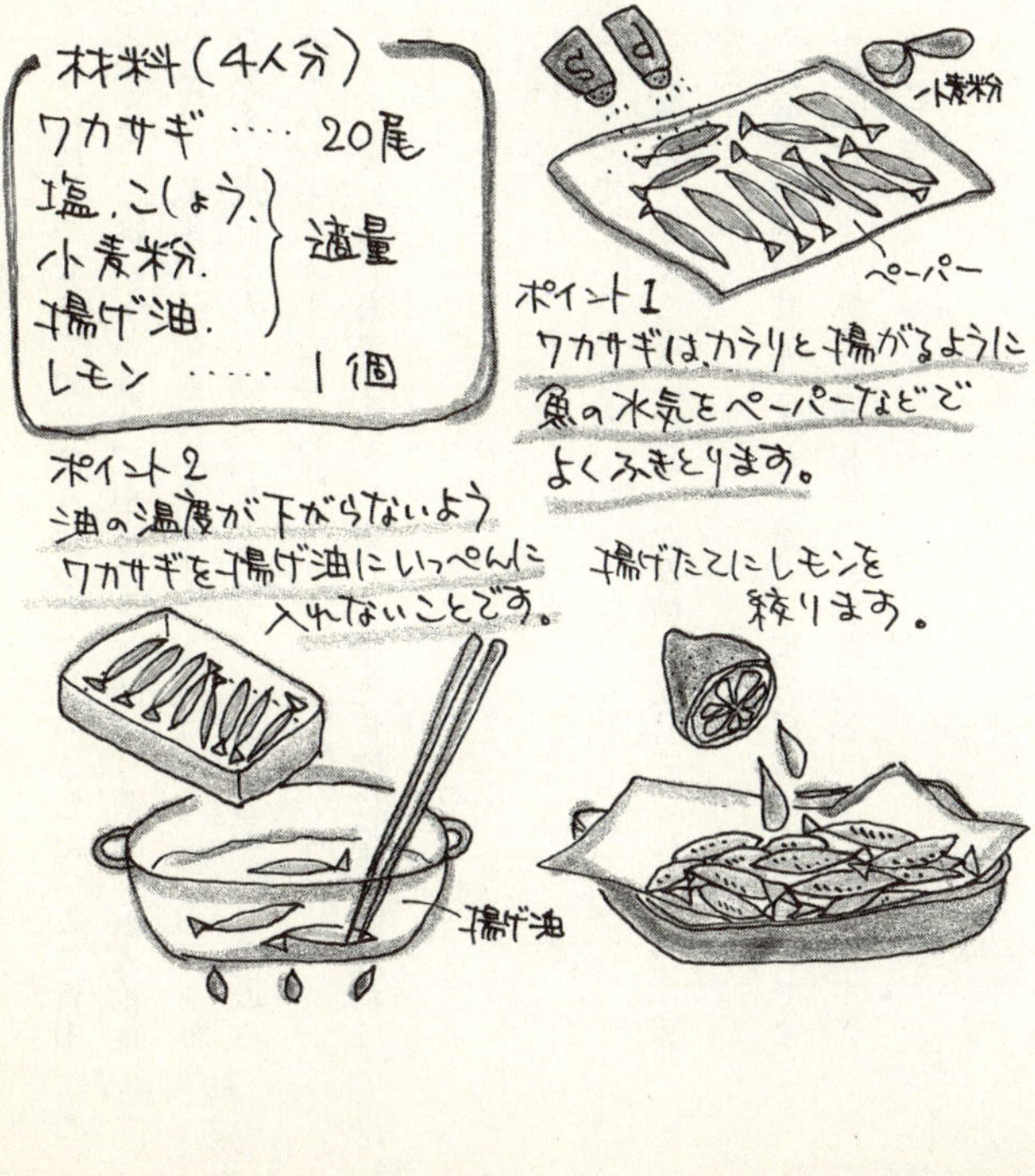
材料（4人分）
ワカサギ……20尾
塩、こしょう、
小麦粉、
揚げ油、
適量
レモン……1個
小麦粉
ペーパー
ポイント1
ワカサギはカラリと揚がるように
魚の水気をペーパーなどで
よくふきとります。
ポイント2
油の温度が下がらないよう
ワカサギを揚げ油にいっぺんに
入れないことです。
揚げたてにレモンを
絞ります。
揚げ油

SPRING

3月16日

（晴れ）

料理家の夫はたいへんらしい

仕事帰りに渋谷の駅までのんびり散歩を楽しみました。ここ青山はところどころに緑が生い茂り、小道に入れば、骨董品や輸入雑貨のお店があり、散歩には絶好の場所です。素敵なカフェでお茶を飲み、また歩く。道行く人も颯爽としていて、着こなしや立ち居振る舞いが参考になることもしばしばです。

そうこうしているうちに主人と約束した帰宅時間にずっと遅れてしまいました。

「おなか空いた」

と彼は言って、

「料理家の夫ってたいへんなんだ」

と、つけ加え、驚くことに用意した夕飯を見せてくれました。豚キムチ炒めです。

キムチは個性が強い食品ですが、意外と何の料理にも合うのです。そんな中で私は何より豚肉との相性が一番だと思っています。主人、よくぞ気がつきました。

材料（4人分）
豚薄切り肉……400グラム
キムチ……肉の半分くらい
しょう油、酒、……適量
中華だし……少々
油……適量
キムチを炒めすぎないようにしましょう。キムチの歯ごたえと風味を残します。
ビールがすすみます♡
生ビール

豚キムチ

■材料

豚薄切り肉、キムチ、しょう油、酒、中華だし、油

■作り方

① 豚肉とキムチは一口大に切り、肉は酒をからめておきます。

② 熱したフライパンに油を入れ、豚肉を炒めます。肉にほぼ火が通ったら、キムチを加えて軽く炒めます。しょう油、中華だしで味を調えます。

＊キムチの味によっては、材料ににんにくを加えることがあります。

SPRING

3月18日

(晴れ)

パンがカチカチになってしまったら

昼間はほかほかと暖かくなってきましたが、朝夕はまだまだ冷え込みます。今夜は特に頬を切るような風が吹き、私は打ち合わせに出るのに分厚いオーバーを着込み、深く帽子をかぶって出かけました。あー早く、春よこい！　です。

こんな日には、あつあつのオニオングラタンスープを用意します。体の中から温まり、元気になります。またこのスープは、フランスパンが固くなってしまったときにも登場するメニューであります。結婚して二人暮らしの食卓では、一回の食事で一本のフランスパンを食べ切れません。どちらかというとご飯党で、毎食パンを食べることもおやつにいただくこともないために、残ったパンはどんどん固くなっていきます。そんな時に、スープに入れてふやかして食べることを思いつきました。夜食にもおすすめです。

残り物のフランスパンで作るオニオングラタンスープ

■材料

フランスパン、玉ねぎ、固形コンソメ、バター、とろけるチーズまたは粉チーズ、パセリ

■作り方

① パンを一センチぐらいの幅に切り、軽くトーストします。

② 玉ねぎをスライスし、バターできつね色になるまでしっかり炒めます。

③ 湯に固形コンソメを溶かし、スープを作っておきます。

④ 耐熱の器に②、その上に①をのせ、熱いスープを注ぎ入れます。チーズをのせて、チーズが溶けて焦げ色がつく程度までオーブンで焼きます。刻みパセリをちらします。

玉ねぎ
バター
炒めます。
パンをトーストします。
コンソメキューブ
湯
スープを作ります。
チーズをのせて
スープ
パン
炒めた玉ねぎ
フーッ　フーッ
チーズとパンが入っているので、とてもボリュームのあるスープです。食欲のない朝にもときどき作ります。アツアツですから、舌をヤケドしないように召し上がってくださいね。

SPRING

3月20日

（曇り）

ワサビの花で温まる

かわいらしい白い十字の小花をつけたワサビが、八百屋さんの店先に並んでいました。

さっそく一束買い、ワサビの花の酢の物を作りました。

ワサビの花は菜の花と同じく春を告げる食用花です。一昔前なら、ワサビの産地か、高級なスーパーでしか見かけなかったものが、最近では簡単に手に入れることができるようになりました。花のついた茎の部分は、すりおろすワサビ同様、鼻にツンとくる辛味と風味がありますが、やや柔らかい味わいです。

ワサビは漢方では体を温める作用があるとされ、殺菌、鎮痛、発汗、健胃に効果があると言われています。

ワサビの花の酢の物

■材料

ワサビの花、砂糖、酢、だし汁、しょう油、塩

■作り方

① ワサビの花は砂糖をまぶして、花や葉が取れない程度に軽く板ずりし、バットに入れます。そこに熱湯を注ぎ、冷めるまでそのままにしておきます。

② 酢、だし汁各大さじ1に対して、しょう油小さじ1、塩ひとつまみくらいの割合で二杯酢を作ります。

③ ①が冷めたら、軽く絞って水気をきり、3センチくらいの長さに切ります。②で和えてしばらくおきます。

＊砂糖をまぶして板ずりするのは独特の辛味を出すためです。塩でゆがく方法もありますが、ワサビ園の方の話では辛味と茎の歯応えがなくなってしまうとのことでした。

ポイントはワサビの花をゆでないことです。
熱湯をそそぎ入れて、自然に冷まします。
ワサビ
野生のものは、山奥の清水が流れる谷間やその周辺の湿地に見られます。生産分は渓流にワサビ田を作り、栽培するようで、根茎は年中食べられます。若葉と花は春に限ります。

SPRING

3月21日

(晴れ)

初物のたけのこで美しいご飯を炊く

今日は青山にある祖母のお墓参りに出かけました。祖母の好きだったハッカのタバコとビール、矢車草をお供えしました。

祖母が生きている頃には、女は外でお酒を飲んではいけないとか、雨が降ったら必ずシャポーとかっぱと長靴を着けなさいとか、髪を束ねなさいとか、何かと口うるさく言われました。私は煙たく思っていたものですが、亡くなってしまってから、祖母の一つ一つの言葉が理解できるようになり、日々の作法やしきたりが自然と身についたのは祖母のお陰だなとつくづく感じています。母に祖母から受け継いだ料理などを習うと、その当時の生活や日本女性の元来の粋がもっと知りたくなり、悔やまれます。

夕飯は祖母を偲《しの》んで、初物のたけのこで炊き込みご飯にしました。我が家の鉢植えのサンショウの葉を添えて。

たけのこのゆで方のポイント

米ぬか、赤唐辛子、たっぷりの水でたけのこをゆでます。ゆであがったら、冷めるまでゆで汁につけたままにしておくことがポイント。ゆで汁は捨てないのです。

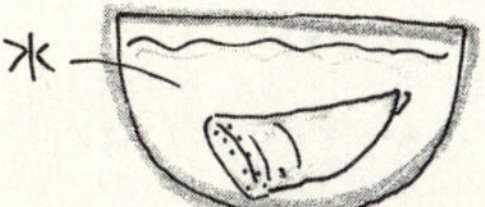

たけのこの皮をむき、よく水洗いします。ときどき水を替えながら、1〜2時間は水にさらします。

たけのこご飯

■材料
たけのこ、米ぬか、赤唐辛子／米、にんじん、油揚げ、だし汁、塩、しょう油、みりん、酒、昆布、木の芽

■作り方
まず掘りたてのたけのこをすぐゆでるのがコツです。保存するにしてもゆでてからがよいでしょう。穂先を切り落とし、皮に縦に切れ目を入れます。鍋にたけのこ、米ぬか、赤唐辛子を入れ、水をたっぷり注ぎ、落としブタをして、火にかけます。煮立ったら、弱火にし、太い部分に竹串が通るまでゆでます。鍋のまま冷まし、皮をむいて水にさらします。米ぬかがない場合は米の研ぎ汁を使います。

① 米を研いでざるにあげておきます。

② 鍋に切ったたけのこ、にんじん、刻んだ油揚げ、だし汁、塩、しょう油、みりん、酒を入れて煮ます。しょう油の色がごく淡くつく程度に仕上げると上品です。

③ 米は昆布を入れて、やや硬めに炊き、蒸らしのときに昆布を取り出し、②を入れて蒸らします。

④ 十分蒸らしたら、軽く混ぜて器に盛り、木の芽を飾ります。

SPRING

3月24日

（晴れ）

さやつき空豆の青臭さ

八百屋さんにさやつきの空豆が出ており、二山買って帰りました。さやを開くと、ふかふかの白いお布団に薄緑色の空豆が寝そべっています。なんだか豆を外してしまうのがかわいそうで、毎度その外側のお布団も食べられないものかと考えてしまいます。無理ですよね。

二山分の空豆もさやから外すと、ほんのひと握りの豆しか残りません。

空豆は海老などと一緒に、中華風に炒めても美味しいですし、ただ塩ゆでにしてつまむに限らず、調理法はいろいろです。

私は、今日はご飯と一緒に炊き込みました。針しょうがを添えるところがポイントです。豆の青臭さと、しょうがのさわやかな香りがよく合います。

空豆ご飯

■材料

米、空豆、昆布、しょうが、塩、酒

■作り方

① 米を研ぎ、ざるにあげておきます。

② 空豆はさやから出し、薄皮をむきます。しょうがは極細の千切り（針しょうが）にし、水にさらしておきます。

③ 炊飯器に米、空豆、昆布を入れ、普段よりやや少なめの水と塩、酒を加えて炊きます。

④ 炊き上がったら、昆布を取り出し、水気をきった針しょうがを加えて、軽く混ぜます。

＊豆の青臭さは酒である程度消えますが、匂いが気になるときは空豆を蒸すか、ゆでるかして炊き上がったご飯と混ぜるといいでしょう。こうすると、空豆の色も鮮やかな緑に仕上がりますが、私はそのひと手間を省いて一緒に炊いてしまいます。

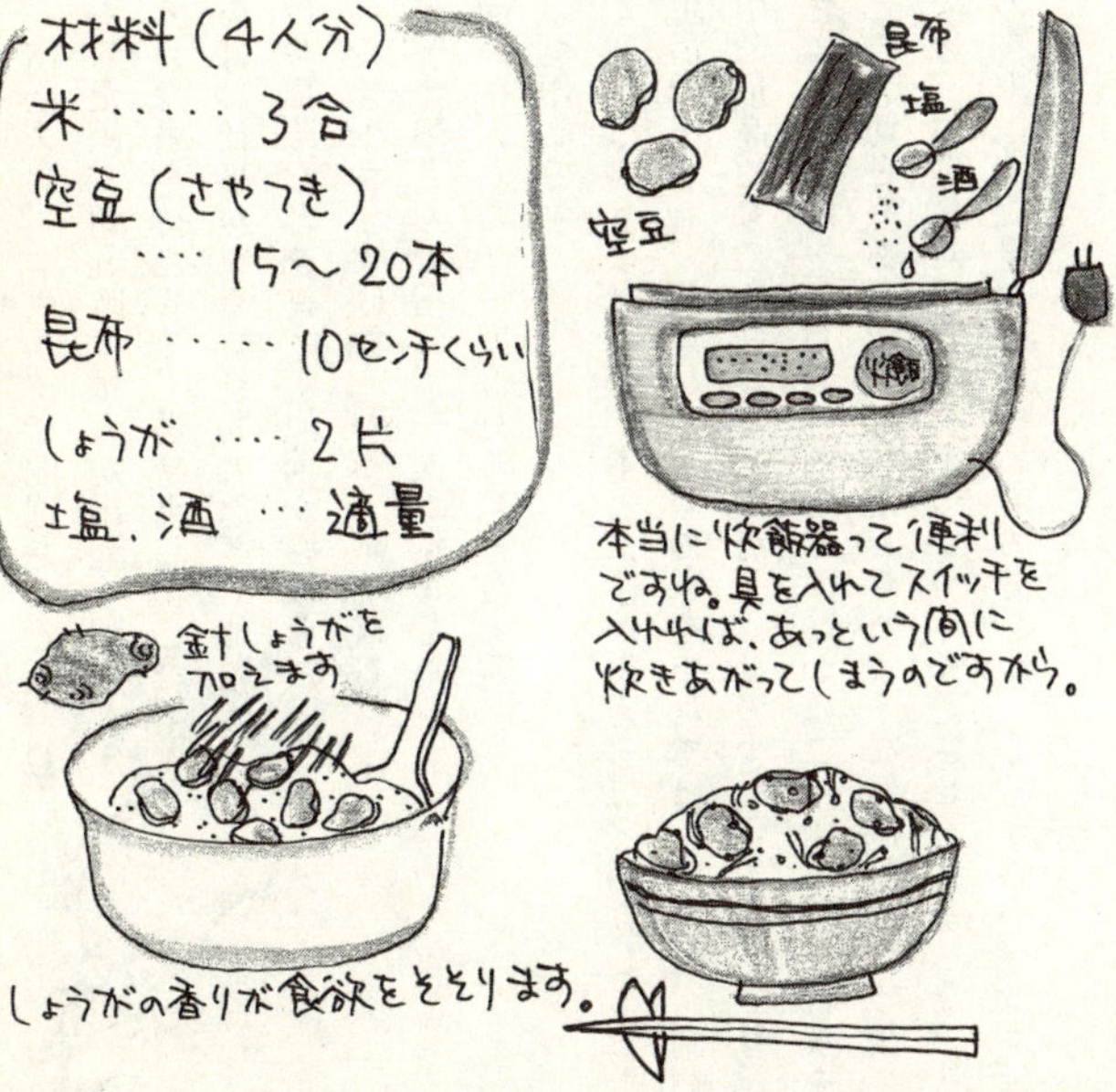
材料（4人分）
米……3合
空豆（さやつき）
……15〜20本
昆布……10センチくらい
しょうが……2片
塩、酒……適量
昆布
塩
酒
空豆
炊飯
本当に炊飯器って便利ですね。具を入れてスイッチを入れれば、あっという間に炊きあがってしまうのですから。
針しょうがを加えます
しょうがの香りが食欲をそそります。

SPRING

3月31日

（晴れ）

私の「晩餐会」

週末、富士スピードウェイで開催されるレースがあるため、朝五時に主人が出発。朝食代わりのお弁当を持たせて、送り出しました。

私は今日は仕事がなく、昼間大急ぎで部屋の片づけや掃除などを終え、以前から観ると決めていたデンマーク映画『バベットの晩餐会』をビデオ屋さんで借り、一人で見ました。仕事仲間の一人から、一度は見るべきだと言われていた作品です。

ストーリーは書きませんが、本当に体が震えるほど感動しました。どんな生活の中でも、美味しいものの味を忘れてはいけない、制約された中で最高のものを作ること、たとえ具の少ないスープでも、ただのオムレツでも、一口食べると必ず顔がほころぶような料理を作ることの大切さをあらためて教えられたような気がします。後半三十分では、料理に対する姿勢をつくづく考えさせられました。私の日々の料理はまだまだつたないものですが、今日からバベットは

私の目標であり、食事を恋愛に変える同志となりました。
ところで私の晩餐会には何を作りましょう。あれこれと考え、以下のような食事をこの日記の最後の晩餐に用意しました。朝食の定番のようなメニューですが、あえて大切な日の終わりにこの献立を、と思います。鉋《かんな》を裏返したようなかつおぶし削り器でかつおぶしを削り、だしをとる。炭をおこして干物を焼く。これは忘れかけていた贅沢です。思えば祖母に頼まれ、初めて本当の料理の手伝いをさせてもらったときにもこれらの仕事をしました。今日のように私一人の晩餐にもふさわしく、誰もを喜ばせる基本に戻ったメニューだと信じましょう。

・炊きたてのご飯
・お豆腐のお味噌汁
・炭焼きひと干しかます、大根おろし添え
・甘い卵焼き
・キャベツとしその実の漬物

お味噌汁のだしのとり方

■材料

水5カップに対して、昆布10センチ、かつおぶし10gくらいの割合で

■作り方

①　昆布の表面を乾いた布巾で拭き、はさみで切れ目を入れます。鍋に水と昆布を入れて、30分から1時間ほどおきます。その間にかつおぶしを削ります。

②　①の鍋を火にかけ、煮立つ直前に昆布を引き上げます。弱火にしてすぐにかつおぶしを加えます。再び一煮立ちしたら、すぐに火を止めます。

③　かつおぶしがきれいに沈んだら、こし器にペーパーなどを敷いてこします。

＊味噌の分量は、だし汁1カップに対して味噌大さじ1くらいを目安に。

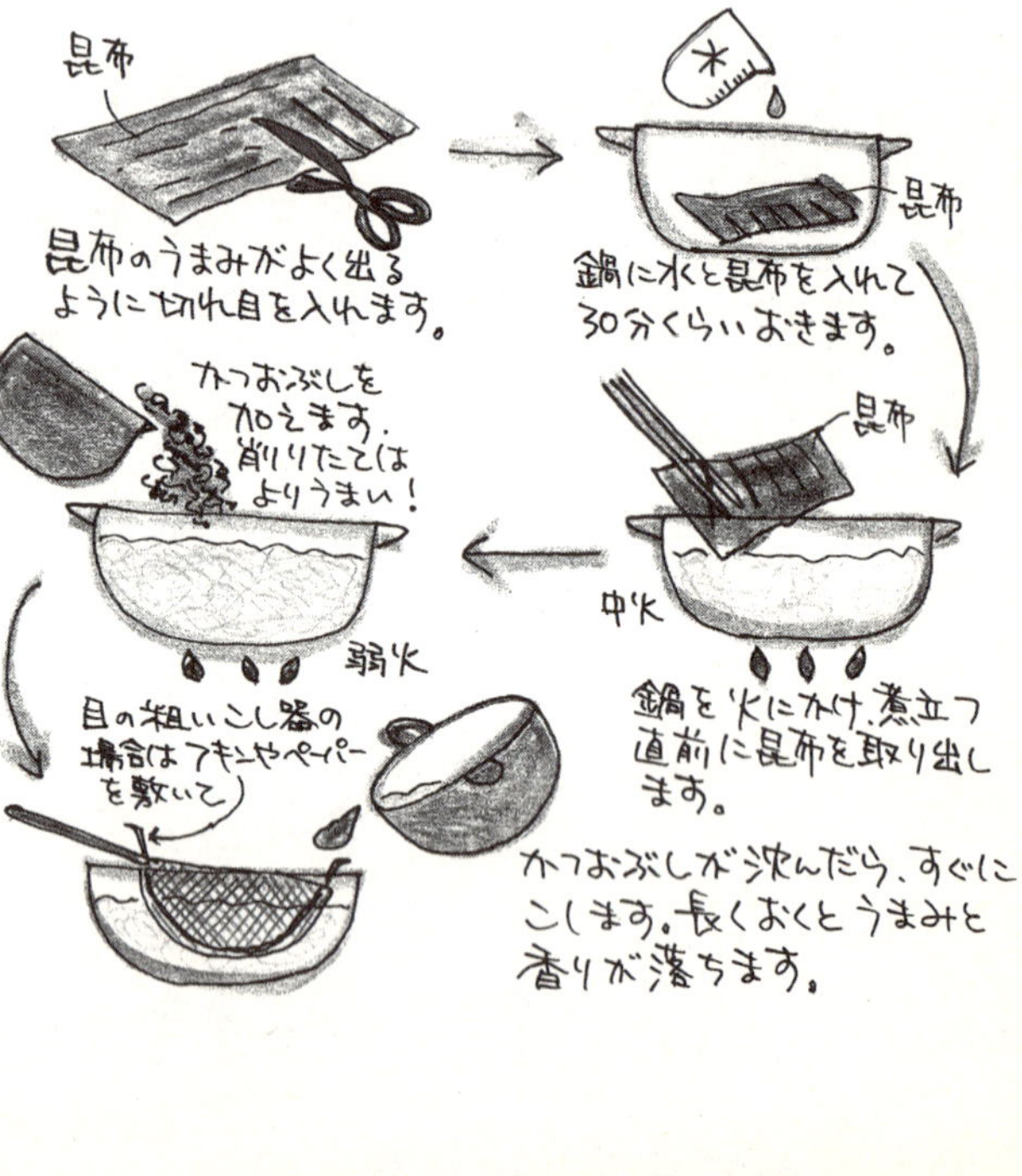
昆布
昆布のうまみがよく出るように切れ目を入れます。
昆布
鍋に水と昆布を入れて30分くらいおきます。
昆布
中火
鍋を火にかけ、煮立つ直前に昆布を取り出します。
かつおぶしを加えます。削りたてはよりうまい！
弱火
目の粗いこし器の場合はフキンやペーパーを敷いて
かつおぶしが沈んだら、すぐにこします。長くおくとうまみと香りが落ちます。

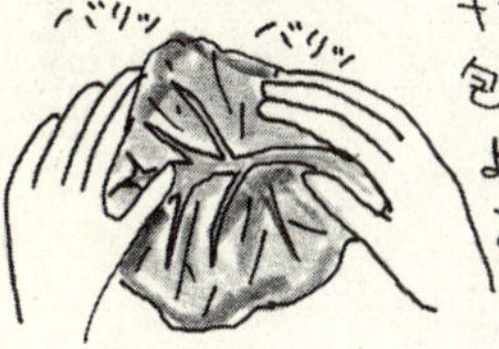

キャベツの葉を手でちぎります。
包丁で切るより、味がなじみやすいようです。私はキャベツの芯も甘みがあって大好きです。葉と一緒にいただきます。

しその実の塩漬けは市販のものは￥300くらいで売っています。
手に入らないときには赤いしその葉を乾燥させたゆかりなどで代用するといいでしょう。

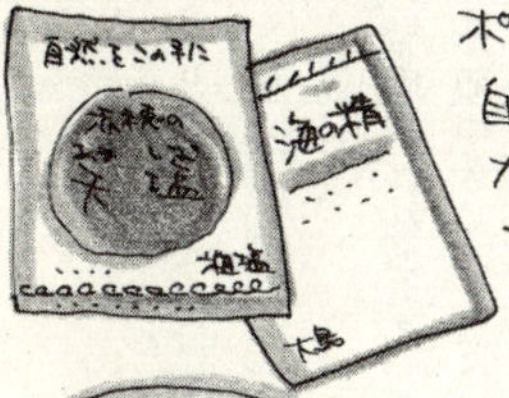

ポイントは塩です。
自然塩を使うと野菜の甘みをかなり引き出してくれるのでぜひ、これらの塩を試してみてください。

キャベツとしその実の漬物

■材料
キャベツ、しその実の塩漬け、粗塩、しその葉

■作り方
① キャベツを適当な大きさにちぎり、軽く塩をふってもみます。しんなりしたらさっと水洗いし、水気を絞ります。
② ①としその実の塩漬け、千切りにしたしその葉を合わせて出来上がりです。

日記の最後に

一年かかったこの本の執筆を終え、何をするかと思えば今日は一日中アイロンをかけていたような気がします。主婦としてはそんな日もあります。

私のアイロンかけは格闘です。やり始めると徹底的に細かな皺一つ残さずかけるので、そんなときには鬼のような顔つきになっているらしく、主人はそんな私の姿を見て笑います。クリーニング代が高いのもうなずけますね。

それでもアイロンかけの日は覚悟を決めて、汗水たらしてやることにしております。イタリアでは家の女たちが下着にいたるまでアイロンをかけるとか。私は下着とまではいきませんが、シーツにも完璧にかけないと気がすみません。

パリッとした滑るようなシーツの感触が好きで、アイロンのかかっていないシーツに眠るのはどうも心地悪いのです。『きらきらひ

かる』という映画の中のシーンに、ベッドのシーツに向かってアイロンをかけるヒロインが登場し、感激したのを覚えております。こういう仕事もまた、女の人に与えられた快楽の一つなのだと考えるのは私だけでしょうか。でも私は、本当にそう思うのです。

ご飯作りも同じです。気持ちよく作って、おいしくいただく。それらが美味しく仕上がってさえいれば、作ることも、食べることも、日々の中では最高の快楽になる。根っからの楽天家なのでしょうか、私はいつもそんなふうに感じながら過ごしているのです。

正直に言うならこの日記は、当初から一冊の本にすることを考え、始めたものではありません。まずはただ、日々の出来事を綴ってみたのです。これまでは新しい料理を思いついたときにのみレシピをノートに書きつけていたのですが、友人たちの勧めで、一年三百六十五日、すべてレシピとその日にあったことを書いてみたらどうだろうということになりました。彼女たちが言ったのはもしかしたらほんの遊び心からで、新米の料理家が、日頃は一体どんな食生活を営んでいるかのぞいてみようじゃないか、といった気分だったのか

もしれません。ですが私は、案外夢中になっておりました。せっかくなので、絵もつけてみようとか、新しい食材に出会うと、図書館に出かけてそれを調べてみたりとしているうちに、日記をつけるという時間もまた、確実に私の一日の中に棲みついていったように思います。

一年を終えて今、本当にある一つのことが、はっきりしてきました。新しいメニューが生まれた日、料理がことさらうまく作れた日、それらはすべて、その日一日をどう過ごしたかしだいだったということです。とても気分がよかった日、街路樹の花が美しかった日、魚屋さんとの会話が弾んだ日、実家の母を思い出したとき……。そんな日の日記は私なりに生き生きしており、今回こうして一冊の本にまとめるに当たって特に選び出すことになりました。案外主人や仕事のために作っているのではなく、自分自身のために作っていたということも、わかったことの一つのようでもありました。

この日記を最後まで読んでくださった読者の皆様に、何より感謝しなければなりません。この日記が何か楽しいものとして、または

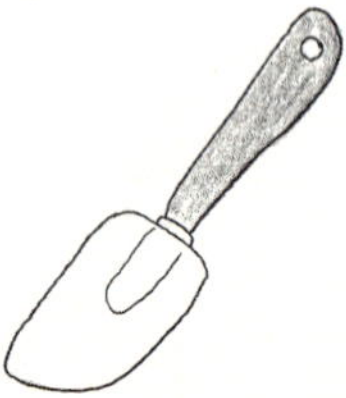

レシピ集として、少しでも皆さんの日々のお役に立てたなら、著者として、こんな幸せなことはありません。

一九九五年　一月中旬　東雪谷の自宅にて

飛田和緒

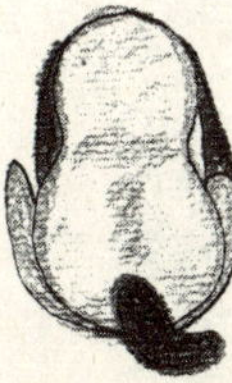

解説

石田ゆり子

幸せな音というものがある。例えば、ごはんが炊ける音。とんとんとん……と何かを刻む音。かちゃかちゃ、と食器や調理器具のたてる音、そんな音が聞こえてきそうな、とてもとても幸せな本がこの『お料理絵日記』だ。

飛田和緒さん、という名前を知ったのは、何年か前に読んだ『お買物日記』という本だった。作家の谷村志穂さんとの共作のこの本は、お二人で捜しまわった、かわいい小さな物たちを、暖かく優しい視線で包み込んでいる素敵な一冊だ。

その中に登場する和緒さんの一言一言が私にはとても印象深く、ああ、この方はきっと、毎日毎日をとても丁寧に過ごしている女性に違いないと感じたのである。

その後、飛田和緒さんという名前を、雑誌やお料理の本、テレビなどいろんなメディアの中で見ることになった。

実際、お会いしたこともないのだが私は勝手に和緒さん、と呼ばせて頂いている。私の一方的な思いだが、私にとっての和緒さんは、お姉さんであり、友達であり、先生なのだ。

本書の解説の依頼をいただいてからというもの、私はこの本をどこに行くにも持ち歩き、仕事の合間や、眠る前や、ときには喫茶店の中でひとりページをめくった。

まず、感じたこと。何よりも強く。それは、「こんな奥さんもらって、だんなさま、幸せだろうなあ……」ということだった。お料理日記という名の通りに、日々の食卓に並んだ季節感溢れるお食事もさることながら、文章の中にたびたび登場する「主人」という言葉。思わず、「いいなあ……」と呟《つぶや》いてしまう。その言葉の持つ独特な甘い響きと、絶対に幸せであろうお二人と、もう一つは、ご主人への羨望《せんぼう》である。和緒さんのような奥さんになりたいけど、でも、和緒さんのような奥さんが欲しいとすら思ってしまう。それは、未《いま》だ私の中にいる、「お料理上手なお母さん」に憧れる「少女のころの私」の声なのだ。

神様は小さなところに宿ると言う。そんな言葉を思い出した。ささやかでもいい。部屋に花を絶やさないとか、玄関をいつも感じよく掃除をしておくとか。そういったことを愛《いと》おしんで、当たり前のことのようにできる人を私は尊敬する。ドラマティックなことよりも、まず日常、日々の暮らし。

料理というのはその最たるものだと思う。

人は食べなければ生きていけない。逆に言えば、とりあえずの物でも、食べてさえいれば、生きていける。食べるということ。その限りなく本質的な、そして絶えまなく繰り返される究極の日常。

それを大切に、喜びとして続けていける人の、なんと偉大なこと。私は心からそう思うのだ。食べることを大切にしている人はみな、自分自身のことをよく知っているような気がしてならない。自分自身ととても仲良しのような気がしてならない。自分自身を励まし、慰め、同時に周りの人をも巻き込んで、幸せにする。

おいしいものは、人を笑顔にする。おいしい食卓は、人と人の心を繋《つな》ぐ。和緒さんは、きっと愛情溢れるご両親のもとで、おいしい食卓を囲んで健《すこ》やかに、大人になられたに違いない。

そういう人の持つ、まあるい空気がこの本には、確かにある。
そしてそういう人は、知らず知らずのうちに人を幸せにしてしまう。
それはまるで魔法のように。
絵日記という形で、イラストも描かれた和緒さん。どこか気の抜けた、のほほんとした独特のタッチに私はまた安心する。

そうなのだ。和緒さんの醸し出す空気の特徴は、「とても良い具合に気の抜けた感じ」なのだ。

料理を生業《なりわい》とした人たちの中には、人と人の間に壁を作るタイプ、というのが少なからずあるように思う。それは極端に贅沢な食材であったり、グルメということを意識した結果であったり、いろいろだ。

しかし和緒さんのお料理は、とても自立していて清々《すがすが》しい空気さえ感じる。好きなものは好き、だれが何と言ったってこれは美味《おい》しい、という自分に正直な感覚。激しい主張のある言葉は全く使っていないのに、芯の強さを感じる文体は、きっと和緒さんそのものだと勝手に思ってしまった。

そして、本当の意味での自信を身につけた人のみが、「気持ち良く気の抜けた」感じを醸し出すことができるのだと思う。

料理は愛情。この言葉を、こんなに深く、その通りだと思ったことはない。そして、日常を丁寧に暮らすことの大切さをこれほど強く認識したこともない。

全ては飛田和緒さんという人の偉大さだ。

和緒さんに感謝したい。そして、また、幸せな本を作って頂きたい。

——女優

索引

この作品は一九九五年三月みき書房より刊行された『チャッピーの台所』を改題したものです。

お料理《りょうり》絵《え》日記《にっき》

飛田《ひだ》和緒《かずを》

平成13年6月25日　初版発行
平成17年12月10日　6版発行

発行者——見城徹
発行所——株式会社幻冬舎
〒151-0051東京都渋谷区千駄ヶ谷4-9-7
電話　03(5411)6222(営業)
03(5411)6211(編集)
振替00120-8-767643
印刷・製本——株式会社　光邦
装丁者——高橋雅之

幻冬舎文庫

ISBN4-344-40121-2　C0195　ひ-7-1